مجموعه قوانین مرتبط با حقوق کودکان در ایران

به اهتمام:

امید محمودی قهساره

فهرست

1

قانون اجازه الحاق دولت جمهوری اسلامی ایران به کنوانسیون حقوق کودک

ماده واحده - کنوانسیون حقوق کودک مشتمل بر یک مقدمه و ۵۴ ماده بشرح پیوست تصویب و اجازه الحاق دولت جمهوری اسلامی ایران به آن داده میشود مشروط بر آن که مفاد آن در هر مورد و هر زمان در تعارض با قوانین داخلی و موازین اسلامی باشد و یا قرار گیرد از طرف دولت جمهوری اسلامی ایران لازم الرعایه نباشد.

کنوانسیون حقوق کودک

مقدمه:

کشورهای طرف کنوانسیون حاضر: با توجه به این که طبق اصول اعلام شده در منشور سازمان ملل رسمیت شناختن حقوق لاینفک، مساوی و منزلت تمام اعضای خانواده بشری زیربنای آزادی، عدالت و صلح در جهان است. با در نظر داشتن اینکه اعضای ملل، در منشور سازمان، اعتقاد خود را به حقوق اساسی، مقام و ارزش انسان و عزم خود را برای افزایش پیشرفت‌های اجتماعی و معیارهای بهتر زندگی در آزادیهای بیشتر اعلام کرده‌اند. با تشخیص اینکه سازمان ملل در اعلامیه جهانی حقوق بشر و در کنوانسیونهای بین‌المللی حقوق بشر اعلام موافقت نموده که هر یک از افراد بدون هرگونه تبعیض از نظر نژاد، رنگ، جنس، زبان، مذهب، عقاید

سیاسی و غیره خاستگاه اجتماعی یا مالی، مال، تولد و یا سایر خصوصیات، در تمام حقوق و آزادیهایی که در آن کنوانسیونها و اعلامیهها اعلام شده، ذیحق میباشد.

و نظر به اینکه سازمان ملل در اعلامیه جهانی حقوق بشر اعلام نموده است که دوران کودکی مستلزم مراقبتها و مساعدتهای ویژه میباشد. با اعتقاد به اینکه خانواده به عنوان جزء اصلی جامعه و محیط طبیعی برای رشد و رفاه تمام اعضای خود خصوصاً کودکان میبایست از حمایتها و مساعدتهای لازمه برخوردار شود به نحوی که بتواند مسئولیتهای خود را در جامعه ایفاء کند. با تشخیص این که کودک برای رشد کامل و متعادل شخصیتی خود میبایست در محیط خانواده و در فضایی (مملو) از خوشبختی، محبت و تفاهم بزرگ شود. با توجه به این که کودک میبایست آمادگی کامل برای زندگی فردی در جامعه داشته باشد در سایه ایدهآلهایی که در منشور سازمان ملل اعلام شده خصوصاً صلح ، احترام، بردباری، آزادی، برابری و اتحاد بزرگ شود. با در نظر داشتن اینکه لزوم انجام مراقبتهای ویژه از کودک در اعلامیه حقوق کودک ژنو ۱۹۲۴ مطابق با ۱۳۰۳ بیان شده، در ۲۰ نوامبر ۱۹۵۹ مطابق با ۲۹ آبان ماه ۱۳۳۸ در اعلامیه حقوق کودک مجمع عمومی به تصویب رسیده، در اعلامیه جهانی حقوق بشر و در میثاق بینالمللی حقوق مدنی و سیاسی (خصوصاً در مواد ۲۳ و ۲۴)، در کنوانسیون بینالمللی حقوق اجتماعی، اقتصادی و فرهنگی (خصوصاً در ماده ۱۰) و در اسناد و احکام سازمانهای تخصصی و سازمانهای بینالمللی مربوط به رفاه کودکان به رسمیت شناخته شده

است. با توجه به این که در اعلامیه جهانی حقوق بشر تصریح شده است «کودک بخاطر نداشتن رشد کامل فیزیکی و ذهنی محتاج مراقبتها و محافظت هایی از جمله حمایتهای مناسب حقوق قبل و بعد از تولد می‌باشد». با در نظر گرفتن مفاد اعلامیه اصول حقوقی و اجتماعی مربوط به حمایت و رفاه کودکان. با اشاره ویژه به موضوع کفالت و فرزند خواندگی ملی و بین‌المللی، قانون حداقل استاندارد سازمان ملل در مورد اجرای عدالت برای افراد صغیر (قوانین پکن) و اعلامیه حمایت از زنان و کودکان در موقع اضطراری و جنگ ها. با تشخیص این که در تمام کشورهای جهان کودکانی وجود دارند که تحت شرایط دشوار زندگی می‌کنند و اینگونه کودکان محتاج توجهات ویژه‌ای‌هستند. با توجه به اهمیت ارزش های سنتی و فرهنگی هر ملت در حمایت و تعلیم و تربیت یکنواخت کودک. و با عنایت به اهمیت همکاریهای بین‌المللی برای بهبود شرایط زندگی کودکان در تمام کشورها خصوصاً کشورهای در حال توسعه. به توافقات ذیل نایل شدند.

بخش ۱

ماده ۱ - از نظر کنوانسیون حاضر منظور از کودک افراد انسانی زیر ۱۸ سال است مگر این که طبق قانون قابل اجرا در مورد کودک سن بلوغ کمتر تشخیص داده شود.

ماده ۲ -

۱ - کشورهای طرف کنوانسیون، حقوقی که در این کنوانسیون برای کودکانی که در حوزه قضائی آنها زندگی می‌کنند در نظر گرفته شده را بدون توجه به هر گونه تبعیض و بدون ملاحظه نژاد، رنگ، مذهب، زبان، عقاید سیاسی، ملیت خاستگاه های قومی و اجتماعی، مال، عدم توانائی، تولد و یا سایر احوال شخصیه والدین و یا قیم قانونی محترم شمرده و تضمین خواهد نمود.

۲ - کشورهای طرف کنوانسیون تمام اقدامات لازم را جهت تضمین حمایت از کودک در مقابل تمام اشکال تبعیض، مجازات بر اساس موقعیت، فعالیت ها ابراز عقیده و یا عقاید والدین، قیم‌های قانونی و یا اعضای خانواده کودک به عمل خواهند آورد.

ماده ۳ -

۱ - در تمام اقدامات مربوط به کودکان که توسط مؤسسات رفاه اجتماعی عمومی و یا خصوصی دادگاه‌ها، مقامات اجرائی، یا ارگانهای حقوقی انجام می‌شود، منافع کودک از اهم ملاحظات می‌باشد.

۲ - کشورهای طرف کنوانسیون متقبل می‌شوند که حمایتها و مراقبتهای لازمه را برای رفاه کودکان، با توجه به حقوق وظایف والدین آنها، قیم‌های قانونی و یا سایر افرادی که قانوناً مسئول آنان هستند، تضمین کنند و در این راستا اقدامات اجرائی و قانونی مناسب معمول خواهد گردید.

۳ - کشورهای طرف کنوانسیون تضمین خواهند نمود که مؤسسات، خدمات و وسایلی که مسئول مراقبت و حمایت کودکان هستند مطابق با معیارهایی که توسط مقامات ذیصلاحیت خصوصاً در زمینه‌های ایمنی، بهداشت و از نظر تعداد کارکنان (آن مؤسسات) و نیز نظارت مناسب گذاشته شده مطابق داشته باشند.

ماده ۴ - کشورهای طرف کنوانسیون اقدامات ضروری اجرائی و قانونی را جهت تحقق حقوق شناخته شده در کنوانسیون حاضر معمول خواهند داشت. کشورهای طرف کنوانسیون با توجه به حقوق اقتصادی، اجتماعی، فرهنگی اقداماتی را در جهت به کار گیری حداکثر منابع موجود خود و در صورت لزوم در چهارچوب همکاریهای بین‌المللی به عمل خواهند آورد.

ماده ۵ - کشورهای طرف کنوانسیون احترام به مسئولیت ها، حقوق و وظایف والدین و یا در صورت قابلیت اطلاق، اعضای خانواده بزرگی که از طریق آداب محلی به وجود می‌آید، قیم‌های قانونی و یا سایر اشخاص که قانوناً مسئول کودک هستند را متقبل می‌شوند و به طریقی که موجب تکامل توانایی‌های کودک شود راهنمایی‌ها و ارشادات لازم را جهت اعمال حقوق شناخته شده کودک در کنوانسیون حاضر به عمل خواهند آورد.

ماده ۶ –

۱ – کشورهای طرف کنوانسیون حق ذاتی هر کودک را برای زندگی به رسمیت خواهند شناخت.

۲ – کشورهای طرف کنوانسیون (وجود) حداکثر امکانات را برای بقا و پیشرفت کودک تضمین خواهند نمود.

ماده ۷ –

۱ – تولد کودک بلافاصله پس از به دنیا آمدن ثبت می‌شود و از حقوقی مانند حق داشتن نام، کسب تابعیت و در صورت امکان، شناسایی والدین و قرارگرفتن تحت سرپرستی آنها برخوردار می‌باشد.

۲ – کشورهای طرف کنوانسیون این حقوق را مطابق با قوانین ملی و تعهدات خود طبق اسناد بین‌المللی مربوطه در این زمینه خصوصاً در مواردیکه کودک در صورت عدم اجرای آنها آواره محسوب گردد، لازم‌الاجرا تلقی خواهند کرد.

ماده ۸ –

۱ – کشورهای طرف کنوانسیون حق کودک برای حفظ هویت خود منجمله ملیت، نام و روابط خانوادگی را طبق قانون و بدون مداخله تضمین خواهند کرد.

۲ - در مواردیکه کودک بطور غیر قانونی از مقام یا برخی از حقوق مربوط به هویت خود محروم شود، کشورهای عضو حمایت و مساعدت‌های لازم را برای استیفای سریع حقوق فوق به عمل خواهند آورد.

ماده ۹ -

۱ - کشورهای طرف کنوانسیون تضمین می‌نمایند که کودکان علیرغم خواسته شان از والدین خود جدا نشوند، مگر در مواردی که مقامات ذیصلاح مطابق قوانین و مقررات و منوط به بررسیهای قضائی مصمم شوند که این جدائی به نفع کودک است. اینگونه تصمیمات ممکن است در موارد خصوصی از قبیل سوء استفاده و یا بی‌توجهی والدین از کودک و یا هنگام جدا شدن والدین ضرورت یابد و در این صورت باید در مورد محل اقامت کودک تصمیمی اتخاذ شود.

۲ - در هر یک از مراحل دادرسی مربوط به پاراگراف اول ماده ۹ باید به تمام طرفهای ذینفع فرصت داده شود در مراحل دادرسی شرکت کرده و نظرات خود را ابراز کنند.

۳ - کشورهای طرف کنوانسیون حق کودکی که از یکی یا هر دو والدین جدا شده را مبنی بر حفظ روابط شخصی و تماس مستقیم با والدین بطور منظم رعایت خواهند نمود مگر در مواردیکه این امر مغایر منافع کودک باشد.

۴ – هنگامی که جدائی ناشی از اقدامات دولت از قبیل بازداشت، زندانی کردن، تبعید، اخراج یا مرگ (منجمله مرگی که در حین توقیف بودن شخص صادر شود) یکی یا هر دو والدین و یا کودک باشد، کشور طرف کنوانسیون بنا به درخواست، والدین یا کودک یا در صورت اقتضا یکی از اعضای خانواده را در جریان اطلاعات ضروری در مورد اموال فرد غایب خانواده قرار خواهد داد، مگر در مواردی که دادن این گونه اطلاعات مضر به حال کودک باشد. کشورهای طرف کنوانسیون همچنین تضمین خواهند نمود که تسلیم این درخواست فی‌نفسه عواقبی برای افراد مربوطه در پی نداشته باشد.

ماده ۱۰ –

۱ – مطابق با تعهدات کشورهای طرف کنوانسیون در پاراگراف ۱ ماده ۹ درخواست کودک یا والدین وی را برای ورود یا ترک کشور برای به هم پیوستن محدود خانواده از سوی کشور طرف کنوانسیون با نظر مثبت و به روشی انسانی و سریع بررسی خواهد شد.

کشورهای طرف کنوانسیون همچنین تضمین خواهند نمود که تسلیم اینگونه درخواستها عواقبی برای درخواست کننده و اعضای خانواده آنها در پی نخواهد داشت.

۲ – کودکی که والدینش در کشورهای جداگانه زندگی می‌کنند حق دارد گذشته از شرایط استثنائی بطور منظم روابط شخصی و تماس مستقیم با والدین خود داشته باشد. بدین منظور و مطابق با تعهدات کشورهای طرف کنوانسیون تحت پاراگراف ۲ ماده ۹، کشورهای طرف کنوانسیون حق والدین و کودک برای ترک هر کشور منجمله کشور خودشان و ورود به کشورشان را محترم خواهند شمرد. حق ترک هر کشوری فقط مشمول محدودیتهایی است که در قانون تصریح شده و برای حفظ امنیت ملی، نظم عمومی، سلامت عمومی یا اخلاقیات یا حقوق یا آزادیهای دیگران یا سایر حقوقی که در این کنوانسیون به رسمیت شناخته شده‌اند، ضروری است.

ماده ۱۱ –

۱ – کشورهای طرف کنوانسیون اقداماتی را در جهت مبارزه با انتقال قاچاق و عدم بازگشت کودکان (مقیم) خارج معمول خواهند داشت.

۲ – در این راستا، کشورهای طرف کنوانسیون انعقاد توافقنامه‌های دوجانبه و چند جانبه یا پذیرش توافقنامه‌های موجود را تشویق خواهند نمود.

ماده ۱۲ –

۱ – کشورهای طرف کنوانسیون تضمین خواهد کرد کودکی که قادر به شکل دادن به عقاید خود می‌باشد بتواند این عقاید را آزادانه درباره تمام موضوعاتی که مربوط به وی می‌شود ابراز کند، به نظرات کودک مطابق با سن و بلوغ وی بها داده می‌شود.

10

۲ - بدین منظور، خصوصاً برای کودک فرصت هایی فراهم آورده می‌شود تا بتواند در هر یک از مراحل دادرسی‌های اجرائی و قضائی مربوط به وی بطور مستقیم یا از طریق نماینده یا شخصی مناسب به طریقی که مطابق با مقررات اجرائی قوانین ملی باشد، ابراز عقیده نماید.

ماده ۱۳ –

۱ - کودک دارای حق آزادی ابراز عقیده می‌باشد. این حق شامل آزادی جستجو، دریافت و رساندن اطلاعات و عقاید از هر نوع، بدون توجه به مرزها،کتبی یا شفاهی یا چاپ شده، به شکل آثار هنری یا از طریق هر رسانه دیگر به انتخاب کودک می‌باشد.

۲ - اعمال این حق ممکن است منوط به محدودیت های بخصوص باشد، ولی این محدودیتها فقط منحصر به مواردی است که در قانون تصریح شده و ضرورت دارند.

الف) برای احترام به حقوق یا آبروی دیگران، یا

ب) برای حفاظت از امنیت ملی یا نظم عمومی یا بخاطر سلامت عمومی و یا مسائل اخلاقی.

ماده ۱۴ –

۱ - کشورهای طرف کنوانسیون حق آزادی فکر، عقیده و مذهب را برای کودک محترم خواهند شمرد.

۲ - کشورهای طرف کنوانسیون حقوق و وظایف والدین و در صورت شمول قیم‌های قانونی کودک را درباره هدایت کودک در جهت حقوق وی به طریقی که باعث اعتلای استعدادها و توانائی‌های کودک شود، محترم خواهند شمرد.

۳ - آزادی اظهار مذهب و عقاید فقط طبق محدودیت‌هایی که در قانون تصریح شده و برای حفظ امنیت، نظم، سلامت و اخلاقیات عمومی و یا حقوق آزادیهای اساسی دیگران لازم است محدود می‌شود.

ماده ۱۵ -

۱ - کشورهای طرف کنوانسیون حقوق کودک را در مورد آزادی (تشکیل) اجتماعات و آزادی مجمع مسالمت‌آمیز به رسمیت می‌شناسد.

۲ - به غیر از محدودیت‌هایی که در قانون تصریح شده و یا برای حفظ منافع امنیت ملی یا امنیت عمومی، نظم عمومی، سلامت عمومی و اخلاقیات و یا حقوق و آزادیهای دیگران ضروری است، هیچ محدودیتی در اعمال این حقوق وجود ندارد.

ماده ۱۶ -

۱ – در امور خصوصی، خانوادگی، یا مکاتبات هیچ کودکی نمی‌توان دلخواه یا غیر قانونی دخالت کرد یا هتک حرمت نمود.

۲ – کودک در برابر اینگونه دخالت ها و یا هتک حرمت ها مورد حمایت قانون قرار دارد.

ماده ۱۷ – کشورهای طرف کنوانسیون به عملکرد مهم رسانه‌های گروهی واقف بوده و دسترسی کودک را به اطلاعات و مطالب از منابع گوناگون ملی و بین‌المللی خصوصاً مواردی که مربوط به اعتلای رفاه اجتماعی، معنوی یا اخلاقی و بهداشت جسمی و روحی وی می‌شود را تضمین می‌کنند. در این راستا، کشورها اقدامات ذیل را به عمل خواهند آورد:

الف) تشویق رسانه‌های گروهی به انتشار اطلاعات و مطالبی که برای کودک استفاده‌های اجتماعی و فرهنگی داشته و با روح ماده ۲۹ نیز مطابق است.

ب) تشویق همکاریهای بین‌المللی در جهت تولید، مبادله و انتشار اینگونه اطلاعات و مطالب از منابع گوناگون فرهنگی، ملی و بین‌المللی.

ج) تشویق تولید و انتشار کتابهای کودکان.

د) تشویق رسانه‌های گروهی جهت توجه خاص به احتیاجات مربوط به آموزش زبان کودکانی که به گروه‌های اقلیت تعلق دارند یا مربی هستند.

ه) تشویق توسعه خط مشی‌های مناسب در جهت حمایت از کودک در برابر اطلاعات و مطالبی که به سعادت وی آسیب می‌رساند با توجه به مفاد مواد۱۳ و ۱۸.

ماده ۱۸ —

۱ – کشورهای طرف کنوانسیون بیشترین تلاش خود را برای تضمین به رسمیت شناخته شدن این اصل که هر دو والد کودک مسوولیتهای مشترکی در مورد رشد و پیشرفت کودک دارند به عمل خواهند آورد. والدین و یا قیم‌های قانونی مسوولیت عمده را در مورد رشد و پیشرفت کودک به عهده دارند. اساسی ترین مساله آنان (حفظ) منافع عالیهٔ کودک است.

۲ – کشورهای طرف کنوانسیون به منظور تضمین و اعتلای حقوقی که در این کنوانسیون بیان شده همکاریهای لازم را با والدین و قیم‌های قانونی در جهت اجرای مسوولیت هایش برای تربیت کودک به عمل خواهند آورد و ایجاد موسسات، تسهیلات و خدماتی را برای نگهداری کودکان تضمین خواهندکرد. ۳ – کشورهای طرف کنوانسیون تمام اقدامات لازم را در جهت تضمین حق استفاده کودکانی که دارای والدین شاغل می‌باشند از خدمات و تسهیلات مربوط به نگهداری کودکان به عمل خواهند آورد.

ماده ۱۹ —

۱ - کشورهای طرف کنوانسیون تمام اقدامات قانونی، اجرائی، اجتماعی و آموزشی را در جهت حمایت از کودک در برابر تمام اشکال خشونت‌های جسمی و روحی، آسیب‌رسانی یا سوء استفاده، بی‌توجهی یا رفتار سهل‌انگارانه، بدرفتاری یا استثمار منجمله سوء استفاده‌های جنسی در حینی که کودک تحت مراقبت والدین یا قیم‌های قانونی یا هر شخص دیگری قرار دارد، بعمل خواهند آورد.

۲ - اینگونه اقدامات حمایتی در موارد مقتضی باید شامل اقدامات مؤثر برای ایجاد برنامه‌های اجتماعی در جهت فراهم آوردن حمایت‌های لازمه از کودک و کسانی که مسئول مراقبت از وی می‌باشند و نیز حمایت در برابر سایر اشکال محدودیت‌ها و نیز برای شناسایی گزارش، رجوع، تحقیق، رفتار و پیگیری موارد بدرفتاری‌هایی که قبلاً ذکر شده و نیز برای درگیری‌های قضائی باشد.

ماده ۲۰ –

۱ - کودک نباید بطور موقت یا دائم از محیط خانواده و از منافع خویش محروم باشد و باید از طرف دولت تحت مراقبت و مورد مساعدت قرار گیرد.

۲ - کشورهای طرف کنوانسیون می‌بایست طبق قوانین ملی خود مراقبت‌های جایگزین دیگری را برای اینگونه کودکان تضمین نماید.

۳ - اینگونه مراقبت‌ها شامل موارد زیادی می‌شود از جمله تعیین سرپرست کفالت در قوانین اسلامی، فرزند خواندگی و یا در صورت لزوم (اعزام کودک)به مؤسسات

مناسب مراقبت از کودکان به هنگام بررسی راه‌حل‌ها به استمرار در تربیت کودک، قومیت، مذهب، فرهنگ و زبان کودک باید توجه خاص شود.

ماده ۲۱ - کشورهایی که سیستم فرزند خواندگی را به رسمیت می‌شناسند و مجاز می‌دانند، باید منافع عالیه کودک را در اولویت قرار دهند و نکات زیر را مراعات کنند:

الف) تضمین این که فرزند خواندگی فقط از سوی مقامات ذیصلاحی انجام شود که مطابق با قوانین و مقررات لازم‌الاجرا و بر اساس اطلاعات موثق و قابل اطمینان تعیین می‌کنند که فرزند خواندگی با توجه به وضعیت وی در ارتباط، والدین، خویشاوندان و قیم‌های قانونی مجاز است و در صورت مقتضی رضایت اشخاص فوق را برای فرزند خواندگی بر اساس مشورت‌های لازمه کسب می‌کنند.

ب) تشخیص این که در صورتی که کودک را نتوان به روشی مناسب در کشور خود تحت سرپرستی یک خانواده درآورد، فرزند خواندگی در سایر کشورها به عنوان راه حلی دیگر مورد بررسی قرار خواهد گرفت.

ج - تضمین برخورداری کودکانی که در سایر کشورها پذیرفته می‌شوند از مراقبت‌ها و حقوقی که به هنگام فرزند خواندگی در کشور خود، شامل حال‌آنان می‌شود.

د - اتخاذ تمام اقدامات لازم جهت تضمین این که قبول کودک در سایر کشورها برای افراد مربوطه در بر دارنده منافع مالی نباشد.

ه - در صورت لزوم، پیشبرد اهداف ماده حاضر از طریق انعقاد قراردادها یا اتخاذ ترتیبات دو یا چند جانبه و تلاش در این چهارچوب برای تضمین این که پذیرش کودک در یک کشور دیگر از طریق ارگانها یا مقامات ذیصلاح انجام شود.

ماده ۲۲ –

۱ - کشورهای طرف کنوانسیون اقدام لازم را جهت تضمین برخورداری کودکی که خواهان پناهندگی است و یا پناهنده تلقی می‌شود چه همراه والدین خود باشد یا شخص دیگری، مطابق با قوانین و مقررات محلی و بین‌المللی، از حمایت‌ها و مساعدتهای بشر دوستانه لازم از حقوق مربوطه که در این کنوانسیون یا سایر اسناد بشر دوستانه یا حقوق بشر مقرر شده و کشورهای فوق‌الذکر نسبت به آنها متعهد می‌باشند، به عمل خواهند آورد.

۲ - بدین منظور، کشورهای طرف کنوانسیون بنا به صلاحدید خود با سازمان ملل و سایر سازمانهای بین‌المللی یا غیر دولتی ذیصلاح که با سازمان ملل کار می‌کنند در جهت حمایت و مساعدت از این گونه کودکان و ردیابی والدین یا سایر اعضای خانواده کودکان پناهنده و برای کسب اطلاعات لازم برای به هم پیوستن مجدد اعضای خانواده همکاری خواهند کرد. در صورتی که موفق به یافتن والدین یا سایر اعضای خانواده نشوند، با کودک همانگونه که در این کنوانسیون اظهار شده درست

مانند کودکی که به طور موقت یا دائم از محیط خانوادگی به هر دلیل محروم شده، رفتار خواهد شد.

ماده ۲۳ —

۱ - کشورهای طرف کنوانسیون اذعان دارند کودکی که ذهناً یا جسماً دچار نقص می‌باشد باید در شرایطی که متضمن منزلت و افزایش اتکا به نفس باشد و شرکت فعال کودک در جامعه را تسهیل نماید، از یک زندگی آبرومندانه و کامل برخوردار گردد.

۲ - کشورهای طرف کنوانسیون حق کودکان معلول را برای برخورداری از مراقبت‌های ویژه به رسمیت می‌شناسند و ارائه این مراقبت‌ها را بنا به اقتضاء مناسب شرایط والدین و یا مسئولین کودک و منوط به وجود منابع، به اینگونه کودکان و کسانی که مسئول مراقبت از وی هستند، تشویق و تضمین خواهند کرد.

۳ - با تشخیص نیازهای ویژه کودک معلول، کمکهای مقرر شده در پاراگراف ۲ ماده حاضر در صورت امکان می‌بایست بطور رایگان و با در نظر گرفتن منابع مالی والدین و یا مسئولین کودک انجام گیرد و می‌بایست به نحوی برنامه ریزی شود که کودک معلول بتواند دسترسی مؤثر به آموزش، تعلیم و تربیت و خدمات مراقبتی بهداشتی، خدمات توانبخشی، آمادگی برای اشتغال و ایجاد فرصت به روشی که

موجب دستیابی کودک به حداکثر کمال اجتماعی و پیشرفت شخصی از جمله پیشرفت فرهنگی و معنوی وی می‌شود داشته باشد.

۴ - کشورهای طرف کنوانسیون در سایه همکاریهای بین‌المللی، مبادله اطلاعات لازم را در زمینه مراقبتهای بهداشتی پیشگیری، معالجات پزشکی، روانشناسی و عملی کودکان معلول منجمله انتشار و در دسترس قرار دادن اطلاعات مربوط به روشهای توانبخشی، آموزش و خدمات حرفه‌ای با هدف قادر ساختن کشورهای طرف کنوانسیون به پیشبرد توانائی‌ها و مهارتهای خود و گسترش تجربیات آنان در این زمینه‌ها، افزایش خواهند داد. در این ارتباط، به نیازهای کشورهای در حال رشد توجه خاصی مبذول خواهد شد.

ماده ۲۴ —

۱ - کشورهای طرف کنوانسیون حق کودک را جهت برخورداری از بالاترین استاندارد بهداشت و از تسهیلات لازم برای درمان بیماری و توانبخشی به رسمیت می‌شناسند.

آنان برای تضمین اینکه هیچ کودکی از رسیدن به این حق و دسترسی به خدمات بهداشتی محروم نخواهند شد، تلاش خواهند نمود.

۲ - کشورهای طرف کنوانسیون موضوع را تا اجرای کامل این حق دنبال خواهند کرد و خصوصاً در زمینه‌های ذیل اقدامات مناسب را اتخاذ خواهند کرد:

19

الف) کاهش میزان مرگ و میر نوزادان و کودکان.

ب) تضمین فراهم نمودن مشورتهای پزشکی و مراقبتهای بهداشتی لازم در مورد تمام کودکان با تأکید بر گسترش مراقبتهای بهداشتی اولیه.

ج) مبارزه با بیماریها و سوء تغذیه، از جمله در چهارچوب مراقبتهای بهداشتی اولیه از طریق بکار بستن تکنولوژی‌ها در دسترس و از طریق فراهم نمودن مواد غذایی مقوی و آب آشامیدنی سالم و در نظر گرفتن خطرات آلودگی محیط زیست.

د – تضمین مراقبتهای قبل و پس از زایمان مادران

هـ – تضمین اینکه تمام اقشار جامعه خصوصاً والدین و کودکان از مزایای تغذیه ، شیر مادر، بهداشت و بهداشت محیط زیست و پیشگیری از حوادث اطلاع داشته و به آموزش دسترسی داشته و در زمینه استفاده در اطلاعات اولیه بهداشت کودک و تغذیه مورد حمایت قرار دارند.

و) توسعه مراقبت های بهداشتی پیشگیرانه، ارائه راهنمائیهای لازم به والدین و آموزش   تنظیم   خانواده   و   خدمات.

۳ - کشورهای طرف کنوانسیون تمام اقدامات لازم و مناسب را برای زدودن روش معالجاتی سنتی و خرافی در مورد بهداشت کودکان به عمل خواهندآورد.

۴ - کشورهای طرف کنوانسیون پیشبرد و تشویق همکاریهای بین‌المللی را برای دستیابی تدریجی به تحقق کامل حقوق شناخته شده در کنوانسیون حاضر را متقبل

می‌شوند. در این ارتباط، به نیازهای کشورهای در حال توسعه توجه خاصی مبذول خواهد شد.

ماده ۲۵ - کشورهای طرف کنوانسیون حق کودکی که توسط مقامات ذیصلاح به منظور مراقبت حفاظت و یا بهداشت جسمی و روحی به خانواده‌ای‌داده شده است را جهت انجام بررسی دوره‌ای نحوه رفتار با کودک و تمام وضعیت های مربوط به فرزند خواندگی وی را به رسمیت می‌شناسند.

ماده ۲۶ -

۱ - کشورهای طرف کنوانسیون حق برخورداری از امنیت اجتماعی منجمله بیمه اجتماعی را برای تمام کودکان به رسمیت می‌شناسند و اقدام لازم را جهت دستیابی به تحقق کامل این حق مطابق با قوانین ملی به عمل خواهند آورد.

۲ - این مزایا در صورت مقتضی می‌بایست با توجه به منافع و شرایط کودک و اشخاصی که مسئولیت نگهداری وی را به عهده دارند و نیز هر گونه ملاحظه دیگری مربوط به کار برد این مزایا در جهت منافع کودک در اختیارشان قرار گیرد.

ماده ۲۷ -

۱ - کشورهای طرف کنوانسیون حق تمام کودکان را نسبت به برخورداری از استاندارد مناسب زندگی برای توسعه جسمی، ذهنی و روحی و اخلاقی و اجتماعی را به رسمیت می‌شناسند.

۲ – والدین یا سایر اشخاص مسوول کودک، مسوولیت عمده‌ای در جهت تضمین شرایط زندگی مناسب برای پیشرفت کودک را در چهارچوب توانایی‌ها و امکانات عالی خود به عهده دارند.

۳ – کشورهای طرف کنوانسیون مطابق با شرایط ملی و در چهارچوب امکانات خود، اقدام ضروری را برای یاری والدین و سایر اشخاص مسوول کودک در جهت اعمال این حق به عمل خواهند آورد و در صورت لزوم کمکهای مالی و برنامه‌های حمایتی از خصوصاً در مورد تغذیه، پوشاک و مسکن فراهم خواهند آورد.

۴ – کشورهای طرف کنوانسیون اقدام لازم را جهت تضمین مراقبت‌های در حین نقاهت کودک از سوی والدین و یا سایر اشخاصی که مسوولیت مالی کودک را به عهده دارند چه در داخل و چه در خارج از کشور به عمل خواهند آورد، در مواردی که شخص مسوول مالی کودک در کشوری متفاوت از کشور کودک زندگی می‌کند، کشورهای طرف کنوانسیون پذیرش موافقتنامه‌های بین‌المللی یا انعقاد اینگونه موافقتنامه‌ها و نیز اتخاذ سایر ترتیبات لازم را تسریع خواهند نمود.

ماده ۲۸ –

۱ – کشورهای طرف کنوانسیون حق کودک را نسبت به آموزش و پرورش به رسمیت می‌شناسند و برای دستیابی تدریجی به این حق و بر اساس ایجاد فرصتهای

22

مساوی، اقدامات ذیل را معمول خواهند داشت:

الف) اجباری و رایگان نمودن تحصیل ابتدائی برای همگان.

ب) تشویق توسعه اشکال مختلف آموزش متوسطه منجمله آموزش حرفه‌ای و کلی در دسترس قرار دادن اینگونه آموزشها برای تمام کودکان و اتخاذ اقدامات لازم از قبیل ارائه آموزش و پرورش رایگان و دادن کمک های مالی در صورت لزوم.

ج – در دسترس قرار دادن آموزش عالی برای همگان بر اساس توانائی‌ها و از هر طریق مناسب.

د – در دسترس قرار دادن اطلاعات و راهنمایی‌های آموزشی و حرفه‌ای برای تمام کودکان.

هـ) اتخاذ اقداماتی جهت تشویق حضور مرتب کودکان در مدارس و کاهش غیبت‌ها.

۲ – کشورهای طرف کنوانسیون تمام اقدامات لازم را جهت تضمین اینکه نظم و انضباط در مدارس مطابق با حفظ شوون انسانی کودکان بوده و مطابق با کنوانسیون حاضر باشد، به عمل خواهند آورد.

۳ – کشورهای طرف کنوانسیون همکاریهای بین‌المللی را در موضوعات مربوط به آموزش و پرورش خصوصاً در زمینه زدودن جهل و بیسوادی در سراسر جهان و تسهیل دسترسی به اطلاعات فنی و علمی و روشهای مدرن آموزشی، تشویق و

افزایش خواهند داد. در این ارتباط، به نیازهای کشورهای در حال رشد توجه خاصی خواهد شد.

ماده ۲۹ –

۱ – کشورهای طرف کنوانسیون موافقت می‌نمایند که موارد ذیل باید جزء آموزش و پرورش کودکان باشد:

الف) پیشرفت کامل شخصیت، استعدادها و توانایی های ذهنی و جسمی کودکان.

ب) توسعه احترام به حقوق بشر و آزادیهای اساسی و اصول مذکور در منشور سازمان ملل.

ج) توسعه احترام به والدین کودک، هویت فرهنگی، زبان و ارزشهای وی و ارزشهای ملی کشوری که در آن زندگی می‌کند، به موطن اصلی وی و به تمدن های متفاوت با تمدن وی.

د) آماده نمودن کودک برای داشتن زندگی مسوولانه در جامعه‌ای آزاد و با روحیه‌ای (مملو) از تفاهم صلح، صبر، تساوی زن و مرد و دوستی بین تمام مردم، گروه‌های قومی، مذهبی و ملی و اشخاص دیگر.

هـ) توسعه احترام نسبت به محیط طبیعی.

۲ - از هیچیک از بخش های این ماده و ماده ۲۸ نباید چنان تعبیر شود که مداخله‌ای در آزادی افراد و ارگانها برای تأسیس و اداره مؤسسات آموزشی‌ای که‌همواره طبق اصول ذکر شده در پاراگراف ۱ ماده حاضر و با شرط ارائه آموزش مطابق با حداقل استاندارد ذکر شده توسط دولت ایجاد می‌شوند، تلقی شود.

ماده ۳۰ - در کشورهایی که اقلیتهای قومی و مذهبی و یا اشخاص بومی زندگی می‌کنند، کودکی که متعلق به این اقلیتها است باید به همراه سایر اعضای گروهش از حق برخورداری از فرهنگ خود و تعلیم و اعمال مذهب خود و یا زبان خود برخوردار باشد.

ماده ۳۱ -

۱ - کشورهای طرف کنوانسیون حق کودک را برای تفریح و آرامش و بازی و فعالیتهای خلاق مناسب سن خود و شرکت آزادانه در حیات فرهنگی و هنرها را به رسمیت می‌شناسند.

۲ - کشورهای طرف کنوانسیون حق کودک را برای شرکت کامل در حیات فرهنگی و هنری محترم شمرده و توسعه می‌دهند و فراهم نمودن فرصتهای مناسب را جهت شرکت در فعالیتهای فرهنگی، هنری خلاق تفریحی تشویق خواهند نمود.

ماده ۳۲ -

۱ - کشورهای طرف کنوانسیون حق کودک را جهت مورد حمایت قرار گرفتن در برابر استثمار اقتصادی و انجام هر گونه کاری که زیان‌بار بوده و یا توقفی در آموزش وی ایجاد کند و یا برای بهداشت جسمی، روحی، معنوی، اخلاقی و یا پیشرفت اجتماعی وی مضر باشد را به رسمیت می‌شناسند.

۲ - کشورهای طرف کنوانسیون اقدامات لازم قانونی، اجرائی، اجتماعی و آموزشی را در جهت تضمین اجرای ماده حاضر به عمل خواهند آورد. در این راستا و با توجه به مواد مربوط در سایر اسناد بین‌المللی، کشورهای طرف کنوانسیون خصوصاً موارد ذیل را مورد توجه قرار خواهند داد:

الف) تعیین حداقل سن یا حداقل سنین برای انجام کار.

ب) تعیین مقررات مناسب از نظر ساعات و شرایط کار.

ج) تعیین مجازات ها و یا اعمال سایر ضمانت های اجرائی مناسب جهت تضمین اجرای مؤثر ماده حاضر.

ماده ۳۳ - کشورهای طرف کنوانسیون تمام اقدامات لازم را از جمله اقدامات قانونی، اجرائی، اجتماعی، آموزشی را جهت حمایت از کودکان در برابر استفاده غیر قانونی از مواد مخدر و یا مواد محرک همانگونه‌ای که در معاهدات بین‌المللی مربوطه تعریف شده و جلوگیری از استفاده از کودکان در تولید غیر قانونی و قاچاق اینگونه مواد به عمل خواهند آورد.

ماده ۳۴ - کشورهای طرف کنوانسیون متقبل می‌شوند که از کودکان در برابر تمام اشکال سوء استفاده‌ها و استثمارهای جنسی حمایت کنند. بدین منظور، کشورهای فوق خصوصاً اقدامات ملی، دو و چند جانبه را در جهت جلوگیری از موارد زیر به عمل می‌آورند:

الف - تشویق و یا وارد نمودن کودکان برای درگیری در هر گونه فعالیتهای غیر قانونی جنسی.

ب - استفاده استثماری از کودکان در فاحشه گری و سایر اعمال غیر قانونی جنسی.

ج - استفاده استثماری از کودکان در اعمال و مطالب پرونوگرافیک.

ماده ۳۵ - کشورهای طرف کنوانسیون تمام اقدامات ضروری ملی، دو و چند جانبه را برای جلوگیری از ربوده شدن، فروش و یا قاچاق کودکان به هر شکل و به هر منظور به عمل خواهند آورد.

ماده ۳۶ - کشورهای طرف کنوانسیون از کودکان در برابر تمام اشکال استثمار که هر یک از جنبه‌های رفاه کودک را به مخاطره اندازد، حمایت خواهند کرد.

ماده ۳۷ - کشورهای طرف کنوانسیون اجرای اقدامات ذیل را متقبل می‌شوند:

الف – هیچ کودکی نباید تحت شکنجه یا سایر رفتارهای بیرحمانه و غیر انسانی یا مغایر شئون انسان قرار گیرد. مجازات اعدام و یا حبس ابد را بدون امکان آزادی نمی‌توان در مورد کودکان زیر ۱۸ سال اعمال کرد.

ب – هیچ کودکی نباید بطور غیر قانونی و یا اختیاری زندانی شود. دستگیری، بازداشت و یا زندانی کردن یک کودک می‌بایست مطابق با قانون باشد و به تنها آخرین راه چاره و برای کوتاهترین مدت ممکن باید بدان متوسل شد.

ج – با کودک زندانی باید بخاطر مقام ذاتی انسان، رفتاری انسانی و توأم با احترام داشت به نحوی که نیازهای بخصوص سنی وی در نظر گرفته شود.کودکان زندانی خصوصاً باید از افراد بزرگسال جدا شوند مگر این که این امر مغایر مصالح کودک باشد. کودک حق داشتن تماس با خانواده خود را از طریق نامه و ملاقات دارد به غیر از شرایط استثنائی.

د – هر کودک زندانی می‌بایست از حق دسترسی سریع به مشاوره حقوقی و یا سایر مساعدت‌های ضروری و نیز حق اعتراض نسبت به مشروعیت زندانی شدن خود در برابر دادگاه یا سایر مقامات ذیصلاح، مستقل و بی‌طرف و تصمیم گیری سریع در اینگونه موارد برخوردار باشد.

ماده ۳۸-

۱ـ کشورهای طرف کنوانسیون متقبل می‌شوند به مقررات قانون بین‌المللی بشر دوستی در زمان جنگ‌های مسلحانه که مربوط به کودکان می‌شود احترام بگذارند.

۲ـ کشورهای طرف کنوانسیون هرگونه اقدام عملی را جهت تضمین این که افراد کمتر از ۱۵ سال در مخاصمات مستقیماً شرکت نمی‌کنند، متقبل می‌شوند.

۳ـ کشورهای طرف کنوانسیون از استخدام افراد کمتر از ۱۵ سال در نیروهای مسلح خود خوداری خواهند کرد. این کشورها برای استخدام افرادی که بالای ۱۵ سال و زیر ۱۸ سال سن دارند، اولویت را به بزرگترها خواهند داد.

۴ـ کشورهای طرف کنوانسیون، مطابق با تعهدات خود نسبت به قانون بین‌المللی بشر دوستی در جهت حمایت از افراد غیرنظامی به هنگام جنگ‌های مسلحانه، تمام اقدامات عملی را برای تضمین حمایت و مراقبت از کودکانی که تحت تأثیر (عواقب) جنگ قرار گرفته‌اند به عمل خواهند آورد.

ماده ۳۹ـ کشورهای طرف کنوانسیون تمام اقدامات لازم را برای تسریع بهبودی جسمی و روحی و سازش اجتماعی کودکی که قربانی بی‌توجهی،استثمار، سوءاستفاده، شکنجه یا سایر اشکال رفتاری یا تنبیه خشونت‌آمیز، غیر انسانی و تحقیرکننده یا جنگ بوده است، به عمل خواهند آورد. این روند بهبودی و پیوستن مجدد به جامعه می‌بایست در محیطی که موجب سلامت، اتکای نفس و احترام کودک شود، انجام شود.

ماده ۴۰ـ

۱ـ کشورهای عضو در مورد کودکان متهم یا مجرم به نقض قانون کیفری این حق را به رسمیت می‌شناسد، با آنان مطبق با شوونات و ارزش کودک رفتار گردد که این امر موجب افزایش احترام کودک نسبت به حقوق بشر و آزادیهای اساسی دیگران شده و سن کودک را در نظر گرفته و باعث افزایش خواست وی برای سازش وی با جامعه و به عهده گرفتن نقشی سازنده می‌گردد.

۲ـ بدین منظور و با توجه به مفاد مربوطه اسناد بین‌المللی، کشورهای عضو خصوصاً موارد ذیل را تضمین می‌نمایند:

الف) هیچ کودکی نباید به خاطر اعمالی که در زمان ارتکاب توسط قانون ملی یا بین‌المللی منع نشده، متهم یا مجرم به نقض قانون کیفری شناخته شود.

ب) هر کودکی که متهم یا محکوم به نقض قانون کیفری شود حداقل دارای تأمین‌های زیر خواهد بود:

۱) بیگناه شناخته شدن تا زمانی که جرم طبق قانون ثابت نشده.

۲) اطلاع مستقیم و سریع از اتهامات وارده بر علیه وی، در صورت لزوم از طریق والدین و یا قیم‌های قانونی، و (حق) داشتن مشاوره حقوقی و یا سایر کمک‌ها در تهیه و ارائه دفاعیه.

۳) روشن شدن موضوع در اسرع وقت توسط مقام یا ارگان قضائی بیطرف و مستقل و طی یک دادرسی عادلانه در حضور وکیل یا سایر کمک‌های حقوقی، مگر این که این امر در جهت منافع کودک تشخیص داده نشود خصوصاً با در نظر گرفتن سن، موقعیت و یا والدین و یا قیم‌های قانونی کودک.

۴) مجبود نبودن به دادن شهادت و یا اظهار تقصیر، بررسی شاهدان مختلف و یا کسب اجازه شرکت و یا بررسی شاهدان وی در شرایط مساوی.

۵) دسترسی به مقام و یا ارگان قضائی ذیصلاح، بیطرف و مستقل بالاتر بر طبق قانون در صورت مجرم شناخته شدن.

۶) حق استفاده رایگان از مترجم در صورتی که کودک قادر به درک زبان مورد استفاده (در دادگاه) نباشد.

۷) محرمانه بودن کامل موضوع در طول تمام مراحل دادرسی.

۳- کشورهای عضو در جهت افزایش وضع قوانین، مقررات، مقامات و مؤسساتی که خصوصاً مربوط به کودکان متهم، یا مجرم به نقض قانون کیفری تلاش خواهند کرد و خصوصاً اقدامات ذیل را معمول خواهند داشت:

الف) قائل شدن حداقل سن برای نقض قانون کیفری به نحوی که زیر این سن، کودک دارای قدرت نقض قانون تلقی نشود.

31

ب) در صورت تناسب و تمایل (وضع) مقرراتی در جهت رفتار با اینگونه کودکان بدون توسل به دادرسی‌های قضائی، به شرطی که حقوق بشر و ضمانت‌های حقوقی کاملاً رعایت شود.

۴ ـ تأمین مسائل از قبیل نگهداری، راهنمائی، نظارت، مشاوره، تأدیب، فرزند خواندگی، تعلیم و تربیت و برنامه‌های آموزشی و حرفه‌ای و سایر اقدامات دیگر در جهت تضمین این که با کودکان رفتاری متناسب با رفاه و شرایط و جرم آنها خواهد شد.

ماده ۴۱ ـ هیچیک از (مواد) کنوانسیون حاضر قوانینی که در جهت تحقق حقوق کودک مؤثرتر بود، و جزء موارد زیر می‌باشد را تحت تأثیر قرار نمی‌دهد:

الف) قانون کشور عضو، یا

ب) قانون بین‌المللی لازم‌الاجرا در آن کشور.

بخش ۲:

ماده ۴۲ - کشورهای عضور موظف هستند اصول و مقررات کنوانسیون را به طرقی مناسب و فعال برای بزرگسالان و کودکان، به اطلاع همگان برسانند.

ماده ۴۳ـ

۱ ـ به منظور بررسی پیشرفت کشورهای عضو در جهت تحقق تعهداتشان در قبال کنوانسیون حاضر، می‌بایست کمیته‌ای در مورد حقوق کودک برای‌انجام وظایفش که ذکر خواهد شد، تشکیل گردد.

۲ ـ کمیته شامل ده کارشناس با موقعیت عالی از نظر اخلاقی و با صلاحیت در زمینه‌هایی که در این کنوانسیون ذکر شده، خواهد بود. اعضای کمیته‌توسط کشورهای عضو از میان اتباع خود انتخاب می‌شوند و سمت شخصی خودشان خدمت خواهند کرد. در این زمینه به پراکندگی جغرافیائی برابر ونیز سیستم‌های حقوقی عمده توجه خاص خواهد شد.

۳ ـ اعضای کمیته توسط کشورهای عضو با رأی‌گیری مخفی از میان لیست نامزدها انتخاب می‌شوند. هر یک از کشورهای عضو می‌توانند یک نفر ازاتباع خود را نامزد کنند.

۴ ـ انتخابات اولیه کمیته ظرف کمتر از ۶ ماه پس از تاریخ به اجرا درآمدن کنوانسیون و پس از آن هر ۲ سال یک بار انجام خواهد شد. حداقل ۴ ماه قبل‌هر انتخابات، دبیر کل سازمان ملل طی نامه‌ای از کشورهای عضو خواستار تعیین نامزدهای خود طی ۲ ماه میشود. دبیر کل متعاقباً بر حسب الفبالیستی از اشخاص نامزد شده و کشورهایی که آنان را نامزد کرده‌اند تهیه کرده و آنرا به کشورهای عضو کنوانسیون تسلیم خواهد نمود.

33

۵ ـ انتخابات در اجلاس‌های کشورهای عضو که توسط دبیر کل در مقرهای سازمان ملل افتتاح می‌شود، انجام می‌گیرد در آن اجلاس‌ها که با حضور دوسوم از کشورهای عضو رسمیت خواهد یافت، اعضای کمیته از میان کسانی که بیشترین اراء و اکثریت مطلق آرای نمایندگان حاضر و رأی‌دهنده کشورهای عضو را کسب کرده‌اند، برگزیده می‌شوند.

۶ ـ اعضای کمیته برای مدت ۲ سال انتخاب می‌شوند. این افراد در صورت نامزدی مجدد حق انتخاب شدن مجدد را دارا می‌باشند. مدت خدمت ۵ تن‌از اعضای منتخب در اولین انتخابات در پایان ۲ سال خاتمه می‌یابد، بلافاصله پس از اولین انتخابات اسامی این پنج تن توسط رئیس جلسه و از طریق قرعه کشی مشخص خواهد شد.

۷ ـ در صورت فوت، استعفا و یا اعلام عدم توانائی انجام وظیفه اعضای کمیته به هر دلیل، کشوری که این عضو را نامزد کرده منوط به تأیید کمیته‌کارشناس دیگری را از میان اتباع خود برای خدمت در مدت باقی مانده انتخاب خواهد کرد.

۸ ـ کمیته خود مقررات مربوط به خود را وضع خواهد کرد.

۹ ـ کمیته ماموران خود را برای یک دوره ۲ ساله انتخاب خواهد کرد.

۱۰ ـ جلسات کمیته بطور عادی در یکی از مقرهای سازمان ملل یا هر محل مناسب دیگری که توسط کمیته تعیین می‌شود، تشکیل می‌گردد. کمیته بطور عادی سالانه تشکیل جلسه می‌دهد. مدت جلسات کمیته در جلسه‌ای با شرکت کشورهای عضو

کنوانسیون حاضر و با تأیید مجمع عمومی تعیین‌شده و در صورت لزوم تغییر خواهد یافت.

۱۱ ـ دبیر کل سازمان ملل تجهیزات و پرسنل لازم را برای مفید واقع شدن عملکردهای کمیته، طبق کنوانسیون حاضر فراهم خواهد نمود.

۱۲ ـ با تأکید مجمع عمومی، اعضای کمیته‌ای که طبق کنوانسیون حاضر تشکیل می‌شود در طی مدت خدمت از محل منابع سازمان سازمان ملل و طبق شرایطی که مجمع عمومی تعیین میکند حقوق دریافت خواهند کرد.

ماده ۴۴ ـ

۱ ـ کشورهای عضو متقبل می‌شوند که از طریق دبیر کل سازمان ملل گزارشاتی را در مورد اقداماتی که برای تحقق حقوق شناخته شده در این کنوانسیون به عمل آورده‌اند و یشرفت های حاصله را به کمیته تسلیم کنند:

الف) ظرف ۲ سال پس از به اجرا درآمدن کنوانسیون در مورد کشور مربوطه.

ب) و پس از آن هر ۵ سال یکبار.

۲ ـ گزارشاتی که طبق ماده حاضر تهیه می‌شوند می‌بایست نشان دهنده عوامل و مشکلاتی که احتمالاً در سر راه انجام تعهدات وجود دارد باشد. این‌گزارشات

همچنین باید شامل اطلاعات کافی در جهت دادن تصویری جامع از اجرای کنوانسیون در کشور مربوطه باشد.

۳ ـ کشوری که یک گزارش اولیه جامع به کمیته ارائه کرده است، می‌تواند از ارائه اطلاعات اساسی که قبلاً طبق پاراگراف ۱ (الف) ماده حاضر فراهم کرده، خودداری کند.

۴ـ کمیته می‌تواند از کشورهای عضو خواهان اطلاعات بیشتری در مورد نحوهٔ اجرای کنوانسیون شود.

۵ـ کمیته هر دو سال یکبار از طریق شورای اجتماعی و اقتصادی گزارشاتی را در مورد فعالیتهای خود به مجمع عمومی ارائه خواهد کرد.

۶ـ کشورهای عضو می‌بایست گزارشات خود را در کشورهایشان بطور گسترده در اختیار همه بگذارند.

ماده ۴۵ـ به منظور تسریع اجرای موثر کنوانسیون و تشویق همکاری‌های بین‌المللی در زمینه‌های مذکور در کنوانسیون:

الف) سازمان‌های تخصصی، صندوق کودکان سازمان ملل و سایر ارگان‌های آن سازمان می‌توانند در حوزه اختیاراتشان بر اجرای مواد کنوانسیون حاضر نظارت کنند. کمیته می‌تواند بنا به مقتضی از سازمان‌های تخصصی، صندوق کودکان سازمان ملل و سایر ارگان‌های ذیصلاح در زمینه‌هایی که به اختیارات آن سازمان‌ها مربوط

می‌شود جهت ارائه نظرات تخصصی در مورد اجرای کنوانسیون دعوت به همکاری کند. کمیته می‌تواند از سازمانهای تخصصی، صندوق کودکان سازمان ملل و سایر ارگان‌های سازمان ملل بخواهد در مورد اجرای کنوانسیون در زمینه‌هایی که به اختیارات آنان مربوط می‌شود، گزارشاتی را ارائه نمایند.

ب) کمیته می‌تواند بنا به اقتضاء گزارشات کشورهای عضو که حاوی درخواست و یا اعلام نیاز به همکاری و مساعدت‌های فنی است را به همراه نظرات و پیشنهادهای خود کمیته در مورد آن تقاضاها به سازمانهای تخصصی، صندوق کودکان سازمان ملل و سایر ارگان‌های ذیصلاح منتقل کند.

ج) کمیته می‌تواند به مجمع عمومی توصیه کند که از دبیر کل بخواهد از طرف خود مطالعاتی را در مورد موضوعات ویژه مربوط به حقوق کودکان متقبل شود.

د) کمیته می‌تواند بر اساس اطلاعات واصله، متعاقب ماده ۴۴ و ۴۵ کنوانسیون حاضر پیشنهادات و نظرات کلی خود را اعلام کند. این پیشنهادات و نظرات به کشور عضو مربوطه منتقل خواهد شد و به همراه نظرات کشور عضو به مجمع عمومی گزارش خواهد گردید.

بخش ۳:

ماده ۴۶ـ کنوانسیون حاضر در اختیار تمام کشورها جهت امضاء قرار خواهد گرفت.

ماده ۴۷ـ کنوانسیون حاضر منوط به تصویب است، اسناد تصویب نزد دبیر کل سازمان ملل باقی خواهد ماند.

ماده ۴۸ـ تمام کشورها می‌توانند به عضویت کنوانسیون حاضر درآیند، اسناد عضویت نزد دبیر کل سازمان ملل به ودیعه خواهد ماند.

ماده ۴۹ـ

۱ـ کنوانسیون حاضر ۳۰ روز پس از تاریخ به ودیعه گذاشته شدن بیستمین سند تصویب یا عضویت نزد دبیر کل سازمان ملل قابل اجرا خواهد بود.

۲ـ برای هر کشوری که پس از به ودیعه گذاشته شدن بیستمین سند تصویب یا عضویت، کنوانسیون حاضر را تصویب کند یا به عضویت آن درآید، این کنوانسیون ۳۰ روز پس از زمان به ودیعه گذاردن اسناد عضویت یا تصویب کشور مربوطه قابل اجرا خواهد بود.

ماده ۵۰ـ

۱ـ هر یک از کشورهای عضو می‌توانند اصلاحیه‌ای را پیشنهاد کنند و آن را برای دبیر کل سازمان ملل نیز ارسال کنند. دبیر کل اصلاحیه پیشنهادی را با سایر کشورهای عضو در میان می‌گذارد و از آنان در مورد تشکیل کنفرانس کشورهای عضو به منظور بررسی و رأی‌گیری در مورد پیشنهادات نظرخواهی می‌کند. در صورتی که ظرف ۴ ماه پس از اعلام دبیر کل حداقل یک سوم کشورهای عضو

موافق چنان کنفرانسی باشند، دبیر کل، کنفرانس را به کمک سازمان ملل افتتاح خواهد کرد. اصلاحیه‌ای که مورد تصویب اکثریت کشورهای عضو حاضر و رأی دهنده قرار گیرد جهت تصویب به مجمع عمومی فرستاده خواهد شد.

۲ـ هر اصلاحیه‌ای که مطابق پاراگراف اول ماده حاضر تصویب شود پس از تصویب مجمع عمومی سازمان ملل و پذیرش دو سوم اکثریت کشورهای عضو قابل اجرا خواهد بود.

۳ـ پس از به اجرا درآمدن یک اصلاحیه فقط کشورهایی که آن را پذیرفته‌اند موظف به اجرای آن می‌باشند. سایر کشورهای عضو همچنان موظف به رعایت کنوانسیون حاضر و سایر اصلاحیه‌های قبلی که آن‌ها را پذیرفته‌اند خواهند بود.

ماده ۵۱ —

۱ـ دبیر کل سازمان ملل متن نظرات کشورها را در هنگام تصویب یا عضویت دریافت کرده و در اختیار سایر کشورها خواهد گذاشت.

۲ـ نظرات مغایر با اهداف و مقاصد کنوانسیون حاضر ممنوع خواهد بود.

۳ـ نظرات را می‌توان در هر زمان از طریق اعلام به دبیر کل سازمان ملل پس گرفت. دبیر کل تمام کشورها را نیز در جریان خواهد گذاشت. این اعلام در تاریخی که به دست دبیر کل می‌رسد، قابل اجرا خواهد بود.

ماده ۵۲ـ کشورهای عضو می‌توانند از طریق ارسال یک اعلان کتبی به دبیر کل از عضویت کنوانسیون خارج شوند. این امر یکسال پس از تاریخ دریافت اعلان توسط دبیر کل قابل اجرا خواهد بود.

ماده ۵۳ـ دبیر کل سازمان ملل به عنوان امانتدار کنوانسیون حاضر انتخاب شده‌اند.

ماده ۵۴ـ نسخه اصلی کنوانسیون حاضر به همراه ترجمه عربی، چینی، انگلیسی، فرانسه، روسی و اسپانیائی آن که همگی از اعتبار یکسان برخوردارند، نزد دبیر کل سازمان ملل به ودیعه گذاشته خواهند شد.

با حضور نمایندگان تام‌الاختیار که از طرف دولت‌های متبوع خود دارای اختیار هستند این کنوانسیون امضاء گردید.

قانون فوق مشتمل بر ماده واحده و کنوانسیون ضمیمه شامل یک مقدمه و ۵۴ ماده در جلسه روز یکشنبه اول اسفند ماه یکهزار و سیصد و هفتاد و دو مجلس شورای اسلامی تصویب و در تاریخ ۱۳۷۲/۱۲/۱۱ به تأیید شورای نگهبان رسیده است.

رئیس مجلس شورای اسلامی علی‌اکبر ناطق نوری

قانون پذیرش اصلاحیه کنوانسیون حقوق کودک

ماده واحده – به دولت جمهوری اسلامی ایران اجازه داده می‌شود اصلاحیه کنوانسیون حقوق کودک، موضوع قطعنامه شماره ۵۰/۱۵۵/ الف سازمان ملل متحد (به شرح پیوست) را بپذیرد و اسناد آن را تسلیم نماید.

بسم‌الـله الرحمن الرحیم

قطعنامه ۵۰/۱۵۵/الف کنفرانس کشورهای عضو کنوانسیون حقوق کودک

تاریخ : ۲۱ دسامبر ۱۹۹۵ (۱۳۷۴/۹/۳۰)

تصویب بدون رأی گیری لبلبلبل اجلاس : ۹۷ مجمع عمومی :

با تصدیق اهمیت کار گروه (کمیته) حقوق کودک و همکاری ارزشمند اعضاء آن در ارزیابی و نظارت بر اجرای کنوانسیون حقوق کودک توسط کشورهای‌عضو؛با اظهار رضایت از اینکه در حال حاضر ۱۸۲ کشور، عضو کنوانسیون حقوق کودک می‌باشند و این حاکی از نزدیک شدن به تصویب جهانی است؛با توجه به اینکه اصلاحیه بند (۲) ماده (۴۳) کنوانسیون توسط کنفرانس کشورهای عضو کنوانسیون به تصویب رسیده ا ست:

۱ – اصلاحیه بند (۲) ماده (۴۳) کنوانسیون حقوق کودک را مبنی بر جایگزین واژه «هجده» بجای «ده» تصویب می‌کند.

41

۲ - از کشورهای عضو درخواست می‌کند اقدامات مقتضی را برای اینکه در اسرع وقت پذیرش اکثریت دو سوم کشورهای عضو برای لازم الاجراء شدن اصلاحیه حاصل شود، اتخاذ کنند.

قانون فوق مشتمل بر ماده واحده منضم به متن اصلاحیه کنوانسیون حقوق کودک در جلسه علنی روز سه‌شنبه مورخ نوزدهم تیر ماه یکهزار و سیصد و هشتاد مجلس شورای اسلامی تصویب و نظر شورای نگهبان در مهلت مقرر در اصل نود و چهارم (۹۴) قانون اساسی جمهوری اسلامی ایران واصل نگردیده است.

رئیس مجلس شورای اسلامی- مهدی کروبی

قانون تصویب کنوانسیون ممنوعیت و اقدام فوری برای محو بدترین اشکال کار کودک و توصیه‌نامه مکمل آن

ماده واحده – کنوانسیون ممنوعیت و اقدام فوری برای محو بدترین اشکال کار کودک و توصیه‌نامه مکمل آن به شرح پیوست تصویب و به دولت جمهوری اسلامی ایران اجازه داده می‌شود اسناد تصویب را تودیع نماید.

تبصره ۱ – فهرست انواع کارهای مضر موضوع بند (ت) ماده (۳) کنوانسیون توسط وزارت کار و امور اجتماعی با هماهنگی وزارتخانه‌های بهداشت، درمان و آموزش پزشکی و صنایع و معادن و جهاد کشاورزی و کانون و انجمن‌های صنفی کارفرمایان و کانون شوراهای اسلامی کار تهیه وبرای تصویب به هیأت وزیران ارائه خواهد شد.

تبصره ۲ – اشخاصی که کودکان را به کارهای موضوع بند (ت) ماده (۳) کنوانسیون بگمارند، مشمول مجازاتهای ماده (۱۷۲) قانون کار مصوب۱۳۶۹/۸/۲۹ مجمع تشخیص مصلحت نظام می‌باشند و پروانه کار آنها توسط دستگاه ذی‌ربط به طور موقت لغو خواهد شد. در خصوص سایر بندهای‌ماده (۳) طبق قوانین موضوعه خواهد بود.

آیین‌نامه اجرائی این تبصره که متضمن موارد اشتغال افراد از شانزده سال به بالا در کارهای موضوع بند (ت) ماده (۳) کنوانسیون نیز می‌باشد، توسط وزارتخانه‌های کار و امور اجتماعی و صنایع و معادن تهیه و به تصویب هیأت وزیران خواهد رسید.

تبصره ۳ - وزارتخانه‌های کار و امور اجتماعی و صنایع و معادن مسؤولیت اجرای این کنوانسیون و توصیه‌نامه مکمل آن و نیز نظارت بر اعمال این مقررات را در کارگاهها برعهده دارند و برنامه‌های اجرائی را طراحی و با هماهنگی و موافقت سازمان مدیریت و برنامه‌ریزی کشور به دستگاههای‌اجرائی ابلاغ خواهند کرد.

کنوانسیون ممنوعیت و اقدام فوری برای محو بدترین اشکال کار کودک

کنفرانس عمومی سازمان بین‌المللی کار؛

با دعوت هیأت مدیره دفتر بین‌المللی کار هشتاد و هفتمین اجلاس خود را در تاریخ اول ژوئن ۱۹۹۹ میلادی ۱۳۷۸/۳/۱۱ هجری شمسی) در ژنوبرگزار نمود، و باتوجه به نیاز به تصویب اسناد جدید به منظور ممنوعیت و محو بدترین اشکال کار کودک، به عنوان اولویت عمده برای اقدام ملی و بین‌المللی، ازجمله همکاری و مساعدت بین‌المللی، برای اجرای کنوانسیون و توصیه‌نامه حداقل سن برای پذیرش اشتغال مصوب سال ۱۹۷۳ میلادی (۱۳۵۲هجری شمسی) که کماکان اسناد اساسی در زمینه کار کودک می‌باشند، و باتوجه به اینکه محو مؤثر بدترین اشکال کار کودک مستلزم اقدام فوری و جامع با در نظر داشتن اهمیت آموزش و پرورش پایه‌ای رایگان و نیاز به دورساختن کودکان مورد نظر از تمامی این نوع کارها و تأمین بازپروری و سازگاری اجتماعی آنها ضمن توجه به نیازهای خانواده‌های آنها می‌باشد، و با یادآوری قطعنامه مربوط به محو کار کودک مصوب کنفرانس بین‌المللی کار در

اجلاس هشتاد و سوم آن در سال ۱۹۹۶ میلادی (۱۳۷۵ هجری‌شمسی)، و با پذیرش اینکه کار کودک تا حد زیادی معلول فقر است و اینکه راه حل درازمدت در رشد پایدار اقتصادی منتهی به پیشرفت اجتماعی، به ویژه تسکین فقر و آموزش و پرورش همگانی، قرار دارد، و با یادآوری کنوانسیون حقوق کودک مصوب ۲۰ نوامبر ۱۹۸۹ میلادی (برابر با ۱۳۶۸/۸/۲۰ هجری شمسی) مجمع عمومی سازمان ملل متحد، و با یادآوری اعلامیه سازمان بین‌المللی کار در مورد اصول و حقوق اساسی کار و سند تکمیلی آن، مصوب هشتاد و ششمین اجلاس کنفرانس بین‌المللی‌کار در ۱۹۹۸ میلادی (۱۳۷۷ هجری شمسی)، و با یادآوری اینکه برخی از بدترین اشکال کار کودک موضوع سایر اسناد بین‌المللی هستند، به ویژه کنوانسیون کار اجباری، ۱۹۳۰ میلادی (۱۳۰۹ هجری شمسی)، و کنوانسیون مکمل سازمان ملل متحد در زمینه لغو بردگی، تجارت برده، و نهادها و شیوه‌های مشابه بردگی، ۱۹۵۶ میلادی (۱۳۲۵ هجری‌شمسی)، و با تصمیم به تصویب برخی پیشنهادها در رابطه با کار کودک که چهارمین بند از دستور کار اجلاس است، و با عزم به اینکه این پیشنهادها شکل کنوانسیون بین‌المللی به خود بگیرد، کنوانسیون زیر را که می‌تواند به عنوان کنوانسیون بدترین اشکال کار کودک، ۱۹۹۹ میلادی (۱۳۷۸ هجری شمسی)، خوانده شود در هفدهمین روز ژوئن سال یکهزار و نهصد و نود و نه میلادی (۱۳۷۸/۳/۲۷ هجری شمسی) تصویب می‌نماید.

ماده ۱ – هر عضوی که این کنوانسیون را تصویب می‌کند باید اقدامات فوری و مؤثری را برای تأمین ممنوعیت و محو بدترین اشکال کار کودک به عنوان‌موضوعی فوری اتخاد نماید.

ماده ۲ – از نظر این کنوانسیون، اصطلاح «کودک» در مورد کلیه اشخاص کمتر از (۱۸) سال بکار برده می‌شود.

ماده ۳ – از نظر این کنوانسیون، اصطلاح «بدترین اشکال کار کودک» شامل موارد زیر است:

الف – کلیه اشکال بردگی یا شیوه‌های مشابه بردگی، از قبیل فروش و قاچاق کودکان، بندگی به علت بدهی و رعیتی و کار با زور یا اجباری، از جمله استخدام به زور یا اجباری کودکان برای استفاده در درگیری مسلحانه ؛

ب – استفاده، فراهم کردن یا عرضه کودک برای روسپی گری، تولید زشت نگاری یا اجراهای زشت نگارانه ؛

پ – استفاده ، فراهم کردن یا عرضه کودک برای فعالیتهای غیرقانونی، به ویژه برای تولید و قاچاق مواد مخدر به گونه‌ای که در معاهدات بین‌المللی‌مربوط تعریف شده‌اند؛

ت – کاری که به دلیل ماهیت آن یا شرایطی که در آن انجام می‌شود، احتمال دارد برای سلامتی، ایمنی یا اخلاقیات کودکان ضرر داشته باشد.

ماده ۴ - ۱- انواع کارهای موضوع بند (ت) ماده (۳) در قوانین یا مقررات ملی یا توسط مقام صلاحیتدار، پس از مشاوره با سازمانهای کارفرمایی و کارگری مربوط، با در نظر گرفتن معیارهای بین‌المللی مربوط، به ویژه بندهای (۳) و (۴) توصیه‌نامه بدترین اشکال کار کودک، ۱۹۹۹ میلادی (۱۳۷۸ هجری‌شمسی) تعیین خواهند شد.

۲- مقام صلاحیتدار، پس از مشاوره با سازمانهای کارفرمایی و کارگری مربوط، وجود یا عدم وجود کارهایی که به این ترتیب تعیین شده‌اند را مشخص‌خواهد کرد.

۳- فهرست انواع کارهایی که براساس بند (۱) این ماده تعیین شده‌اند به طور ادواری مورد بررسی قرار گرفته و در صورت لزوم، با مشاوره با سازمانهای‌کارفرمایی و کارگری مربوط، بازنگری خواهد شد.

ماده ۵ - هر عضو پس از مشاوره با سازمانهای کارفرمایی و کارگری، ساز و کارهای مناسبی را برای نظارت بر اجرای مقرراتی که به این کنوانسیون ترتیب اثر می‌دهند ایجاد یا تعیین خواهد نمود.

ماده ۶ - ۱- هر عضو، برنامه‌های اقدام برای محو بدترین اشکال کار کودک را به عنوان یک اولویت طراحی و اجراء خواهد نمود.

۲- این برنامه‌های اقدام با مشاوره با نهادهای دولتی و سازمانهای کارفرمایی و کارگری مربوط و در صورت اقتضاء، باتوجه به نظرات سایر گروههای مربوط طراحی و اجراء خواهد شد.

ماده ۷ -

۱- هر عضو کلیه اقدامات لازم را برای تضمین اجراء و اعمال مؤثر مقرراتی که به این کنوانسیون ترتیب اثر می‌دهند از جمله پیش‌بینی، اعمال مجازاتهای کیفری یا، در صورت اقتضاء، مجازاتهای دیگر اتخاذ خواهد نمود.

۲- هر عضو، با درنظر گرفتن اهمیت آموزش و پرورش در محو کار کودک، اقدامات مؤثر و زمان‌بندی شده‌ای را برای موارد زیر اتخاذ خواهد نمود:

الف - جلوگیری از بکار گرفته شدن کودکان در بدترین اشکال کار کودک،

ب - فراهم آوردن کمک مستقیم لازم و مناسب برای دورساختن کودکان از بدترین اشکال کار کودک و برای بازپروری و سازگاری اجتماعی آنها،

پ - تضمین دسترسی به آموزش و پرورش پایه‌ای رایگان، و، در صورت امکان و اقتضاء، آموزش حرفه‌ای، برای کلیه کودکانی که از بدترین اشکال کارکودک دور می‌شوند،

ت - تشخیص و دستیابی به کودکان در معرض خطر خاص، و

ث - توجه داشتن به وضعیت خاص دختران.

۳- هر عضو مقام صلاحیتدار مسؤول اجرای مقرراتی را که به این کنوانسیون ترتیب اثر می‌دهند، تعیین خواهد کرد.

ماده ۸ - اعضاء اقدامات مناسبی را برای کمک به یکدیگر در ترتیب اثردادن به مقررات این کنوانسیون از طریق افزایش همکاری و یا کمک بین‌المللی ازجمله برای حمایت از توسعه اجتماعی و اقتصادی، برنامه‌های ریشه‌کن کردن فقر و آموزش و پرورش همگانی اتخاذ خواهند کرد.

ماده ۹ - اسناد تصویب رسمی این کنوانسیون برای ثبت به مدیر کل دفتر بین‌المللی کار ارسال خواهد شد.

ماده ۱۰ -

۱- این کنوانسیون فقط در مورد آن دسته از اعضای سازمان بین‌المللی کار که اسناد تصویب خود را نزد مدیر کل دفتر بین‌المللی کار ثبت کرده‌اند، الزام‌آور خواهد بود.

۲- این کنوانسیون (۱۲) ماه پس از تاریخی که در آن اسناد تصویب دو عضو نزد مدیر کل ثبت شده باشد، لازم‌الاجراء خواهد شد.

۳- پس از آن، این کنوانسیون برای هر عضو دیگر، (۱۲) ماه پس از تاریخ ثبت سند تصویب آن لازم‌الاجراء خواهد شد.

ماده ۱۱ -

۱- عضوی که این کنوانسیون را تصویب کرده است، می‌تواند پس از انقضای (۱۰) سال از تاریخی که در آن کنوانسیون در ابتداء لازم‌الاجراء می‌شود، ازطریق یادداشتی

که برای ثبت به مدیر کل دفتر بین‌المللی کار ارسال می‌کند از عضویت انصراف

دهد. این انصراف از عضویت تا یک سال پس از تاریخ ثبت آن نافذ نخواهد بود.

۲- هر عضوی که این کنوانسیون را تصویب کرده است و ظرف مدت سال متعاقب

انقضای دوره ده ساله یادشده در بند پیشین، از حق انصراف از عضویت پیش‌بینی

شده در این ماده استفاده نمی‌کند، برای یک دوره ده ساله دیگر متعهد خواهد بود و

پس از آن می‌تواند با انقضای هر دوره ده ساله تحت شرایط پیش‌بینی شده در این

ماده از عضویت در این کنوانسیون انصراف دهد.

ماده ۱۲ –

۱- مدیر کل دفتر بین‌المللی کار، تمامی اعضای سازمان بین‌المللی کار را از ثبت

تمامی اسناد تصویب و اسناد انصراف از عضویت ارسالی از سوی اعضای سازمان

آگاه خواهد کرد.

۲- مدیر کل در هنگام آگاه نمودن اعضای سازمان از ثبت دومین سند تصویب،

توجه اعضای سازمان را به تاریخی که در آن کنوانسیون لازم‌الاجراءخواهد شد،

معطوف خواهد نمود.

ماده ۱۳ – مدیر کل دفتر بین‌المللی کار جزئیات کامل تمامی اسناد تصویب و اسناد

انصراف از عضویت را که طبق مفاد ماده پیشین نزد مدیر کل به ثبت‌رسیده است،

برای ثبت طبق ماده (۱۰۲) منشور سازمان ملل متحد به دبیر کل سازمان ملل متحد ارسال خواهد کرد.

ماده ۱۴ - هیأت مدیره دفتر بین‌المللی کار، هر زمان که لازم تشخیص دهد، گزارشی در مورد کارایی این کنوانسیون را به کنفرانس عمومی ارائه وضرورت قرار دادن موضوع تجدیدنظر کلی یا جزئی آن در دستور کار کنفرانس را بررسی خواهد کرد.

ماده ۱۵ —

۱- چنانچه کنفرانس با تجدیدنظر کلی یا جزئی این کنوانسیون، کنوانسیون جدیدی را تصویب کند، در این صورت جز در صورتی که کنوانسیون جدید به گونه دیگری پیش‌بینی   نکرده   باشد   :

الف - علی‌رغم مفاد ماده (۱۱) فوق، چنانچه و زمانی که کنوانسیون تجدیدنظر شده جدید لازم‌الاجراء شود، تصویب کنوانسیون جدید توسط یک‌عضو از نظر قانونی، متضمن انصراف فوری از عضویت در این کنوانسیون خواهد بود،

ب - این کنوانسیون از تاریخ لازم‌الاجراء شدن کنوانسیون تجدید نظر شده جدید، برای تصویب اعضاء مفتوح نخواهد بود.

۲- این کنوانسیون در هر صورت برای اعضائی که آن را تصویب کرده‌اند اما کنوانسیون تجدیدنظر شده را تصویب نکرده‌اند، با شکل و محتوای واقعی آن معتبر باقی می‌ماند.

ماده ۱۶ - نسخه‌های انگلیسی و فرانسوی این کنوانسیون از اعتبار یکسان برخوردار می‌باشند.

موارد یادشده فوق متن معتبر کنوانسیون است که به اتفاق آراء به وسیله کنفرانس عمومی سازمان بین‌المللی کار درجریان هشتاد و هفتمین اجلاس آن که‌در ژنو برگزار شد و در تاریخ ۱۷ ژوئن ۱۹۹۹ میلادی (۱۳۷۸/۳/۲۷هجری شمسی) خاتمه یافت، تصویب شد.

پیوست شماره (۱)

توصیه‌نامه ممنوعیت و اقدام فوری برای محو بدترین اشکال کار کودک کنفرانس عمومی سازمان بین‌المللی کار، با دعوت هیأت مدیره دفتر توافقهای بین‌المللی کار هشتاد و هفتمین اجلاس خود را در تاریخ اول ژوئن ۱۹۹۹ میلادی (۱۳۷۸/۳/۱۱ هجری شمسی)در ژنو برگزار نمود، و باتصویب کنوانسیون بدترین اشکال کار کودک، ۱۹۹۹ میلادی (۱۳۷۸ هجری شمسی)، و با تصمیم به تصویب برخی پیشنهادها در ارتباط با کار کودک، که چهارمین بند از دستور کار اجلاس است، و با عزم به اینکه این پیشنهادها شکل توصیه‌نامه مکمل

52

کنوانسیون بدترین اشکال کار کودک، ۱۹۹۹ میلادی (۱۳۷۸ هجری شمسی) خوانده شود، درهفدهمین روز ژوئن سال یکهزار و نهصد و نود و نه (۱۳۷۸/۳/۲۷ هجری شمسی) تصویب می‌کند.

۱- مقررات این توصیه‌نامه مکمل مقررات کنوانسیون بدترین اشکال کار کودک، ۱۹۹۹ میلادی (۱۳۷۸ هجری شمسی) (که از این پس، از آن به‌عنوان «کنوانسیون» یاد می‌شود) است و در ارتباط با آنها اعمال خواهد شد.

اول - برنامه‌های اقدام

۲ - برنامه‌های اقدام موضوع ماده (۶) کنوانسیون به عنوان یک موضوع فوری، با مشاوره نهادهای دولتی و سازمانهای کارفرمایی و کارگری مربوط و باتوجه به نظرات کودکانی که به‌طور مستقیم تحت تأثیر بدترین اشکال کار کودک قرار گرفته‌اند، خانواده‌های آنها، و در صورت اقتضاء سایر گروههای مربوط متعهد به اهداف کنوانسیون و این توصیه‌نامه تعیین و اجراء خواهند شد. این برنامه‌ها باید از جمله معطوف به موارد زیر باشند:

الف - تشخیص و محکوم کردن بدترین اشکال کار کودک،

ب - دور ساختن یا جلوگیری از اشتغال کودکان در بدترین اشکال کار کودک، محافظت از آنها در مقابل اعمال تلافی‌جویانه و پیش‌بینی بازپروری وسازگاری

اجتماعی آنها از طریق اقداماتی که نیازهای آموزشی، جسمانی و روانشناختی آنها را درنظر بگیرد؛

پ – توجه خاص به :

(۱)- کودکان کم سن و سال‌تر،

(۲)- کودک دختر،

(۳)- مشکل موقعیت‌های کار پنهان که در آنها دختران در معرض خطر خاص قرار دارند؛

(۴)- سایر گروههای کودکان در معرض آسیب پذیری‌ها یا نیازهای خاص؛

ت – تشخیص، دستیابی و کار با جوامعی که در آنها کودکان در معرض خطر خاص قرار دارند؛

ث – آگاه‌سازی، حساس کردن و بسیج افکار عمومی و گروههای مربوط، از جمله کودکان و خانواده‌های آنها.

دوم – کار خطرناک

۳- در تعیین انواع کارها موضوع بند (ت) ماده (۳) کنوانسیون و در تشخیص جاهایی که این کارها وجود دارند، از جمله باید به موارد زیر توجه شود:

الف – کاری که کودکان را در معرض سوء استفاده جسمانی، روانی یا جنسی قرار می‌دهد،

ب – کار در زیرزمین، زیرآب، در ارتفاعات خطرناک یا در فضاهای بسته،

پ – کار با ماشین‌آلات، تجهیزات و ابزارهای خطرناک، یا کاری که متضمن جابجایی یا حمل بارهای سنگین با دست است،

ت – کار در محیط ناسالم که ممکن است، به طور مثال، کودکان را در معرض مواد، عوامل یا فرآیندهای خطرناک، یا در معرض دما، صدا، یا ارتعاشهای مضر برای سلامتی آنها قرار دهد،

ث – کار تحت شرایط بسیار مشکل از قبیل کار برای ساعات طولانی یا در خلال شب یا کار در جایی که کودک به نحو غیرمتعارفی محدود به کارگاه کارفرما است،

۴– در زمینه انواع کارهای موضوع بند (ت) ماده (۳) کنوانسیون و بند (۳) بالا مقررات یا قوانین ملی یا مقام صلاحیتدار می‌تواند، پس از مشاوره با سازمانهای کارفرمایی و کارگری مربوط، اشتغال یا کار از سن (۱۶) سالگی را مشروط به اینکه سلامتی، ایمنی و اخلاقیات کودکان مربوط به طور کامل مورد حفاظت قرار گیرد، و اینکه کودکان آموزش ویژه کافی یا آموزش حرفه‌ای در رشته مرتبط فعالیت را کسب کرده باشند اجازه دهد.

سوم – اجراء

۵- (۱)- اطلاعات و داده‌های آماری مفصل در زمینه ماهیت و گستره کار کودک باید گردآوری شده و به روز نگهداری گردد تا به عنوان پایه‌ای برای تعیین‌اولویتهای اقدام ملی برای الغاء کار کودک، به ویژه برای ممنوعیت و محو بدترین اشکال آن به عنوان موضوعی فوری به‌کار آید.

(۲)- تا حد امکان، این اطلاعات و داده‌های آماری باید شامل داده‌های جداگانه به لحاظ جنس، گروه سنی، شغل، رشته فعالیت اقتصادی، موقعیت‌اشتغال، حضور در مدرسه و محل جغرافیایی باشد. اهمیت نظام مؤثر ثبت موالید از جمله صدور گواهی‌های تولد، باید درنظر گرفته شود.

(۳)- داده‌های مربوط درباره تخطی از مقررات ملی در زمینه ممنوعیت و محو بدترین اشکال کار کودک باید جمع آوری و به روز نگهداری گردند.

۶- گردآوری و پردازش اطلاعات و داده‌های موضوع بند (۵) بالا باید باتوجه به حق محرمانه‌بودن   انجام   شود.

۷- اطلاعات جمع آوری شده براساس بند (۵) بالا باید به طور منظم به دفتر بین‌المللی   کار   انتقال   داده   شوند.

۸- اعضاء به منظور نظارت بر اجرای مقررات ملی مربوط به ممنوعیت و محو بدترین اشکال کار کودک باید پس از مشاوره با سازمانهای کارفرمایی وکارگری مربوط ساز و   کارهای   مناسبی   ایجاد   یا   تعیین   نمایند.

۵۶

۹- اعضاء باید اطمینان حاصل نمایند که مقامات صلاحیتداری که مسؤولیت اجرای مقررات ملی در زمینه ممنوعیت و محو بدترین اشکال کار کودک رادارا می‌باشند با یکدیگر همکاری و فعالیتهایشان را هماهنگ می‌کنند.

۱۰- قوانین یا مقررات ملی یا مقام صلاحیتدار باید کسانی را که در موارد عدم رعایت مقررات ملی در زمینه ممنوعیت و محو بدترین اشکال کار کودک باید مسؤول   شناخته   شوند،   تعیین   نمایند.

۱۱- اعضاء تا آنجا که با قوانین ملی قابل تطبیق باشد، باید با تلاشهای بین‌المللی در زمینه ممنوعیت و محو بدترین اشکال کار کودک به عنوان موضوعی فوری از طریق   زیر   همکاری   نمایند :

الف - گردآوری و مبادله اطلاعات مربوط به جرائم کیفری از جمله تخلفاتی که در ارتباط با شبکه‌های بین‌المللی هستند،

ب - کشف و تعقیب کسانی که به فروش و قاچاق کودکان، یا به استفاده، فراهم آوردن یا عرضه کودکان برای فعالیتهای غیرقانونی، روسپی‌گری، تولید زشت‌نگاری یا   اجراهای   زشت   نگارانه   اشتغال   دارند،

پ - ثبت مرتکبین اینگونه جرائم.

۱۲- اعضاء باید بدترین اشکال کار کودک مذکور در زیر را جرایم کیفری اعلام نمایند:

الف – کلیه اشکال بردگی یا روش‌های مشابه بردگی از قبیل فروش و قاچاق کودکان، بندگی به علت بدهی و رعیتی و کار با زور و اجباری از جمله استخدام به زور یا اجباری کودکان برای استفاده در درگیری مسلحانه،

ب – استفاده، فراهم‌آوردن یا عرضه کودک برای روسپی‌گری، تولید زشت نگاری یا اجراهای زشت‌نگارانه، و

پ – استفاده، فراهم آوردن یا عرضه کودک برای فعالیتهای غیرقانونی، به ویژه برای تولید و قاچاق مواد مخدر به گونه‌ای که در معاهدات بین‌المللی‌مربوط تعریف شده‌اند، یا برای فعالیتهایی که مستلزم حمل یا استفاده غیرقانونی سلاحهای گرم یا سایر سلاحها است.

۱۳- اعضاء باید اطمینان حاصل نمایند که مجازاتها از جمله در صورت اقتضاء، مجازاتهای کیفری در مورد تخلف از مقررات ملی در زمینه‌ممنوعیت و محو هر یک از انواع کارهای موضوع بند (ت) ماده (۳) کنوانسیون اعمال می‌شود.

۱۴- اعضاء همچنین باید به عنوان موضوعی فوری، سایر راههای چاره‌جزائی، مدنی یا اداری را، در صورت اقتضاء، برای تضمین اجرای مؤثر مقررات‌ملی در زمینه ممنوعیت و محو بدترین اشکال کار کودک از قبیل نظارت ویژه بر مؤسسات تجاری که از بدترین اشکال کار کودک استفاده کرده‌اند، و درموارد اصرار بر تخطی، ملاحظه لغو موقت یا دائم پروانه کار، پیش‌بینی نمایند.

۱۵- سایر اقدامات معطوف به ممنوعیت و محو بدترین اشکال کار کودک ممکن است شامل موارد زیر باشند:

الف – آگاه‌سازی، حساس سازی و بسیج عموم به‌طور کلی از جمله رهبران سیاسی ملی و محلی، نمایندگان مجلس و قوه قضائیه،

ب – درگیر کردن و آموزش سازمانهای کارفرمایی و کارگری و سازمانهای محلی،

پ – تأمین آموزش مناسب برای مأموران ذی‌ربط دولتی، به ویژه بازرسان و مأموران مجری قانون، و برای سایر متخصصین مربوط،

ت – پیش‌بینی تعقیب اتباع عضوی که جرائمی را مرتکب شده باشند براساس مقررات ملی در زمینه ممنوعیت و محو فوری بدترین اشکال کار کودک در داخل خود کشور، حتی اگر این جرائم در کشور دیگری ارتکاب شده باشند،

ث – ساده کردن تشریفات قانونی و اداری و اطمینان از این که آنها مناسب و آماده هستند،

ج – ترغیب توسعه خط مشی‌ها به وسیله تعهداتی برای پیشبرد اهداف کنوانسیون،

چ – نظارت و تبلیغ بهترین رویه‌های مربوط به محو کار کودک،

ح – تبلیغ مقررات قانونی یا سایر مقررات در زمینه کار کودک به زبانها یا لهجه‌های مختلف،

خ - اتخاذ رویه‌های ویژه طرح دعاوی و تنظیم مقرراتی به منظور حمایت در برابر تبعیض و اقدامات تلافی‌جویانه کسانی که به طور قانونی برخلاف مقررات کنوانسیون رفتار می‌کنند و نیز ایجاد خطوط کمکی یا نقاط تماس و مقامات رسیدگی و بازرسی کننده.

د - اتخاذ اقدامات مناسب جهت بهبود زیربنای آموزش و پرورش و تربیت معلم برای برآوردن نیازهای پسران و دختران،

ذ - تا حد امکان توجه به موارد زیر در برنامه‌های ملی اقدام :

(۱) - نیاز به ایجاد شغل و آموزش حرفه‌ای والدین و بزرگسالان در خانواده‌های کودکانی که در شرایط مورد نظر کنوانسیون کار می‌کنند، و

(۲) - نیاز به حساس کردن والدین در مورد مشکل کودکانی که در چنین شرایطی کار می‌کنند.

۱۶- افزایش همکاری و یا کمک بین‌المللی در میان اعضاء برای ممنوعیت و محو مؤثر بدترین اشکال کار کودک باید مکمل تلاشهای ملی باشد و درصورت اقتضاء می‌تواند با مشاوره با سازمانهای کارفرمایی و کارگری توسعه یافته و اجراء شود. این همکاری و یا کمک بین‌المللی باید شامل موارد زیرباشد:

الف - بسیج منابع برای برنامه‌های ملی یا بین‌المللی،

ب - کمک متقابل حقوقی،

پ – کمک فنی از جمله مبادله اطلاعات،

ت – حمایت از توسعه اجتماعی و اقتصادی، برنامه‌های ریشه‌کن کردن فقر و آموزش همگانی.

موارد یادشده فوق، متن معتبر توصیه‌نامه است که به اتفاق آراء به وسیله کنفرانس عمومی سازمان بین‌المللی کار در جریان هشتاد و هفتمین اجلاس آن در ژنو برگزار شد و در تاریخ ۱۷ ژوئن ۱۹۹۹ میلادی (۱۳۷۸/۳/۲۷ هجری شمسی) خاتمه یافت، تصویب شد.

قانون فوق مشتمل بر ماده واحده منضم به متن کنوانسیون شامل مقدمه و شانزده ماده و توصیه‌نامه مکمل آن در جلسه علنی روز سه‌شنبه مورخ هشتم آبان ماه یکهزار و سیصد و هشتاد مجلس شورای اسلامی تصویب و در تاریخ ۱۳۸۰/۸/۲۳ به تأیید شورای نگهبان رسیده است.

رییس مجلس شورای اسلامی– مهدی کروبی

قانون حمایت از کودکان و نوجوانان بی‌سرپرست و بدسرپرست

ماده ۱ـ سرپرستی کودکان و نوجوانان فاقد سرپرست به منظور تأمین نیازهای مادی و معنوی آنان، با اذن مقام معظم رهبری و مطابق مقررات این قانون صورت می‌گیرد.

ماده ۲ـ امور مربوط به سرپرستی کودکان و نوجوانان بی‌سرپرست، با سازمان بهزیستی کشور است که در این قانون به اختصار سازمان نامیده می‌شود.

ماده ۳ـ کلیه اتباع ایرانی مقیم ایران می‌توانند سرپرستی کودکان و نوجوانان مشمول این قانون را با رعایت مقررات مندرج در آن و با حکم دادگاه صالح برعهده گیرند.

ماده ۴ـ ایرانیان مقیم خارج از کشور می‌توانند تقاضای سرپرستی خود را از طریق سفارتخانه یا دفاتر حفاظت از منافع جمهوری اسلامی ایران به سازمان تقدیم نمایند. سفارتخانه‌ها و یا دفاتر یاد شده موظفند در اجرای این قانون، با سازمان همکاری نمایند و سازمان موظف است با حکم دادگاه صالح به درخواست متقاضی رسیدگی نماید.

ماده ۵ ـ افراد زیر میتوانند سرپرستی کودکان و نوجوانان مشمول این قانون را از سازمان درخواست نمایند.

الف ـ زن و شوهری که پنج‌سال از تاریخ ازدواج آنان گذشته باشد و از این ازدواج صاحب فرزند نشده باشند، مشروط به این‌که حداقل یکی‌از آنان بیش از سی‌سال سن داشته باشد.

ب ـ زن و شوهر دارای فرزند مشروط بر این‌که حداقل یکی از آنان بیش از سی‌سال سن داشته باشد.

ج ـ دختران و زنان بدون شوهر، درصورتی‌که حداقل سی‌سال سن داشته باشند، منحصراً حق سرپرستی اناث را خواهند داشت.

تبصره ۱ـ چنانچه به تشخیص سازمان پزشکی قانونی امکان بچه‌دار شدن زوجین وجود نداشته باشد، درخواست‌کنندگان از شرط مدت پنج‌سال مقرر در بند (الف) این ماده مستثنی می‌باشند.

تبصره ۲ـ چنانچه درخواست‌کنندگان سرپرستی از بستگان کودک یا نوجوان باشند ، دادگاه با اخذ نظر سازمان و با رعایت مصلحت کودک و نوجوان می‌تواند آنان را از برخی شرایط مقرر در این ماده مستثنی نماید.

تبصره ۳ـ اولویت در پذیرش سرپرستی به ترتیب با زن و شوهر بدون فرزند، سپس زنان و دختران بدون‌شوهر فاقدفرزند و در نهایت زن و شوهر دارای فرزند است.

تبصره ۴ـ درخواست‌کنندگان کمتر از پنجاه‌سال سن، نسبت‌به درخواست‌کنندگانی که پنجاه‌سال و بیشتر دارند، درشرایط مساوی اولویت دارند.

تبصره ۵ ـ در مواردی که زن و شوهر درخواست‌کننده سرپرستی باشند، درخواست باید به طور مشترک از طرف آنان تنظیم و ارائه گردد.

ماده ۶ ـ درخواست‌کنندگان سرپرستی باید دارای شرایط زیر باشند:

الف ـ تقیّد به انجام واجبات و ترک محرمات

ب ـ عدم محکومیت جزائی مؤثر با رعایت موارد مقرر در قانون مجازات اسلامی

ج ـ تمکن مالی

دـ عدم حجر

هـ ـ سلامت جسمی و روانی لازم و توانایی عملی برای نگهداری و تربیت کودکان و نوجوانان تحت سرپرستی

وـ نداشتن اعتیاد به مواد مخدر، مواد روانگردان و الکل

زـ صلاحیت اخلاقی

ح ـ عدم ابتلاء به بیماری‌های واگیر و یا صعب‌العلاج

ط ـ اعتقاد به یکی از ادیان مصرح در قانون اساسی جمهوری اسلامی ایران

تبصره ۱ـ رعایت اشتـراکات دینی مـیان سرپرسـت و افراد تحت سـرپرستی الزامی است. دادگاه صالح با رعایت مصلحت کودک و نوجوان غیرمسلمان، سرپرستی وی را به درخواست‌کنندگان مسلمان می‌سپارد.

تبصره ۲ـ درصورتی که متقاضی سرپرستی، ادعای یافتن طفلی را بنماید و ادعای وی در دادگاه ثابت شود، چنانچه واجد شرایط مندرج در این قانون برای سرپرستی باشد در اولویت واگذاری سرپرستی قرار می‌گیرد.

ماده ۷ـ درخواست‌کنندگان نمی‌توانند بیش از دو کودک یا نوجوان را سرپرستی نمایند مگر در مواردی که کودکان یا نوجوانان تحت سرپرستی، اعضای یک خانواده باشند.

ماده ۸ ـ سپردن سرپرستی افراد موضوع این قانون در صورتی مجاز است که دارای یکی از شرایط ذیل باشند:

الف ـ امکان شناخت هیچ یک از پدر، مادر و جدپدری آنان وجود نداشته باشد.

ب ـ پدر، مادر، جدپدری و وصی منصوب ازسوی ولی قهری آنان در قید حیات نباشند.

ج ـ افرادی که سرپرستی آنان به موجب حکم مراجع صلاحیتدار به سازمان سپرده گردیده و تا زمان دوسال از تاریخ سپردن آنان به سازمان، پدر یا مادر و یا جدپدری و وصی منصوب از سوی ولی قهری برای سرپرستی آنان مراجعه ننموده باشند.

د ـ هیچ یک از پدر، مادر و جدپدری آنان و وصی منصوب از سوی ولی قهری صلاحیت سرپرستی را نداشته باشند و به تشخیص دادگاه صالح این امر حتی با ضم امین یا ناظر نیز حاصل نشود.

تبصره ۱ـ چنانچه پدر یا مادر یا جدپدری کودک یا نوجوان و وصی منصوب از سوی ولی قهری مراجعه کنند، دادگاه در صورتی‌که آنان را واجد صلاحیت لازم ولو با ضم امین یا ناظر تشخیص دهد و مفسده مهمی نیز کودک یا نوجوان را تهدید نکند؛ با اخذ نظر سازمان با رعایت حق حضانت مادر و تقدم آن نسبت به استرداد آنان حکم صادر می‌کند در غیر این‌صورت حکم سرپرستی ابقاء می‌شود.

تبصره ۲ـ در صورت وجود اقارب طبقه دوم و تقاضای هر یک از آنان و وجود شرایط، سرپرستی به وی واگذار می‌شود و در صورت تعدد تقاضا و یکسانی شرایط متقاضیان، سرپرست با قرعه انتخاب می‌گردد. در صورت نبود اقارب طبقه دوم بین اقارب طبقه سوم بدین نحو عمل می‌شود.

ماده ۹ـ کلیه کودکان و نوجوانان نابالغ و نیز افراد بالغ زیر شانزده سال که به تشخیص دادگاه، عدم رشد و یا نیاز آنان به سرپرستی احراز شود و واجد شرایط مذکور در ماده (۸) این قانون باشند، مشمول مفاد این قانون می‌گردند.

ماده ۱۰ـ در کلیه مواردی که هیچ یک از پدر، مادر یا جدپدری یا وصی منصوب از سوی ولی قهری صلاحیت سرپرستی را ولو با ضم امین یا ناظر نداشته باشند، دادگاه

می‌تواند مطابق این قانون و با رعایت مواد(۱۱۸۴) و(۱۱۸۷) قانون مدنی و با اخذ نظر مشورتی سازمان، مسؤولیت قیم یا امین مذکور در این مواد را به یکی از درخواست‌کنندگان سرپرستی واگذار نماید.

ماده ۱۱ـ تقاضانامه درخواست‌کنندگان سرپرستی باید به سازمان ارائه گردد و سازمان مکلف است حداکثر پس از دو ماه نسبت به اعلام نظر کارشناسی آن را به دادگاه صالح تقدیم دارد. دادگاه با احراز شرایط مقرر در این قانون و با لحاظ نظریه سازمان، نسبت به صدور قرار سرپرستی آزمایشی ششماهه اقدام می‌نماید. قرار صادره به دادستان، متقاضی و سازمان ابلاغ می‌گردد.

ماده ۱۲ـ دادگاه می‌تواند در دوره سرپرستی آزمایشی، در صورت زوال و یا عدم تحقق هر یک از شرایط مقرر در این قانون به تقاضای دادستان و یا سرپرست منحصر یا سرپرستان کودک یا نوجوان و با اطلاع قبلی سازمان و همچنین با تقاضای سازمان قرار صادره را فسخ نماید.

ماده ۱۳ـ پس از پایان دوره سرپرستی آزمایشی، دادگاه با لحاظ نظر سازمان و با رعایت مفاد مواد (۱۴) و (۱۵) این قانون، اقدام به صدور حکم سرپرستی و ابلاغ آن به اشخاص مذکور در ماده (۱۱) می‌نماید.

ماده ۱۴ـ دادگاه در صورتی حکم سرپرستی صادر می‌نماید که درخواست‌کننده سرپرستی بخشــی از اموال یا حقوق خــود را به کودک یا نوجــوان تحت سرپرستی

تملیک کند. تشخیص نوع و میزان مال یا حقوق مزبور با دادگاه است. در مواردی که دادگاه تشخیص دهد اخذ تضمین عینی از درخواست‌کننده ممکن یا به مصلحت نیست و سرپرستی کودک یا نوجوان ضرورت داشته باشد، دستور اخذ تعهد کتبی به تملیک بخشی از اموال یا حقوق در آینده را صادر و پس از قبول درخواست‌کننده و انجام دستور، حکم سرپرستی صادر می‌کند.

تبصره ـ در صورتی‌که دادگاه تشخیص دهد اعطای سرپرستی بدون اجرای مفاد این ماده به مصلحت کودک یا نوجوان می‌باشد، به صدور حکم سرپرستی اقدام می‌نماید.

ماده ۱۵ـ درخواست‌کننده منحصر یا درخواست‌کنندگان سرپرستی باید متعهد گردند که تمامی هزینه‌های مربوط به نگهداری و تربیت و تحصیل افراد تحت سرپرستی را تأمین نمایند. این حکم حتی پس از فوت سرپرست منحصر یا سرپرستان نیز تا تعیین سرپرست جدید، برای کودک یا نوجوان جاری می‌باشد. بدین منظور سرپرست منحصر یا سرپرستان، موظفند با نظر سازمان خود را نزد یکی از شرکت‌های بیمه به‌نفع کودک یا نوجوان تحت سرپرستی بیمه عمر کنند.

تبصره ـ در صورتی‌که دادگاه تشخیص دهد اعطای سرپرستی بدون اجرای مفاد این ماده به مصلحت کودک یا نوجوان می‌باشد به صدور حکم سرپرستی اقدام می‌کند.

ماده ۱۶ـ اموالی که در مالکیت صغیر تحت سرپرستی قرار دارد درصورتی اداره آن به سرپرست موضوع این قانون سپرده می‌شود که طفل فاقد ولی قهری باشد و یا

ولی قهری وی برای اداره اموال او شخصی را تعیین نکرده باشد و مرجع صالح قضائی قیمومت طفل را بر عهده سرپرست قرار داده باشد.

ماده ۱۷ـ تکالیف سرپرست نسبت به کودک یا نوجوان از لحاظ نگهداری، تربیت و نفقه، با رعایت تبصره ماده (۱۵) و احترام، نظیر تکالیف والدین نسبت به اولاد است. کودک یا نوجوان تحت سرپرستی نیز مکلف است نسبت به سرپرست، احترامات متناسب با شأن وی را رعایت کند.

ماده ۱۸ـ صدور حکم سرپرستی، به هیچ وجه موجب قطع پرداخت مستمری که به موجب قانون به کودک یا نوجوان تعلق گرفته یا می‌گیرد، نمی‌شود.

ماده ۱۹ـ در صورت فوت سرپرست منحصر یا سرپرستان که مشمول یکی از صندوق‌های بازنشستگی بوده‌اند، افراد تحت سرپرستی در حکم افراد تحت تکفل متوفی محسوب گردیده و تا تعیین سرپرست جدید از مزایای مستمری وظیفه بازماندگان برخوردار خواهند شد.

ماده ۲۰ـ در صورت فوت یا زندگی مستقل و جدایی هر یک از سرپرستان یا وقوع طلاق بین آنان، دادگاه می‌تواند با درخواست سازمان و با رعایت مفاد این قانون، سرپرستی کودک یا نوجوان را به یکی از زوجین یا شخص ثالث واگذار نماید. رعایت نظر کودکان بالغ در این خصوص ضروری است.

ماده ۲۱ـ شخصی که سرپرستی افراد تحت حمایت این قانون را بر عهده می‌گیرد از مزایای حمایتی حق اولاد و مرخصی دوره مراقبت برای کودکان زیر سه‌سال (معادل مرخصی دوره زایمان) بهره‌مند می‌باشد. کودک یا نوجوان تحت سرپرستی نیز از مجموعه مزایای بیمه و بیمه‌های تکمیلی وفق مقررات قانونی برخوردار خواهد شد.

ماده ۲۲ـ پس از صدور حکم قطعی سرپرستی، مفاد حکم از سوی دادگاه به اداره ثبت احوال و اداره بهزیستی مربوط ابلاغ می‌شود. اداره ثبت احوال مکلف است نام و نام خانوادگی کودک یا نوجوان تحت سرپرستی و همچنین مفاد حکم سرپرستی را در اسناد سجلی و شناسنامه سرپرست یا زوجین سرپرست وارد کند. همچنین اداره ثبت احوال مکلف است شناسنامه جدیدی برای کودک یا نوجوان تحت سرپرستی با درج نام و نام خانوادگی سرپرست یا زوجین سرپرست صادر و در قسمت توضیحات مفاد حکم سرپرستی و نام و نام خانوادگی والدین واقعی وی را در صورت مشخص بودن، قید نماید.

تبصره ۱ـ اداره ثبت احوال مکلف است سوابق هویت و نسبت واقعی طفل را در پرونده وی حفظ نماید.

تبصره ۲ـ کودک یا نوجوان تحت سرپرستی می‌تواند پس از رسیدن به سن هجده سالگی، صدور شناسنامه جدیدی را برای خود با درج نام والدین واقعی در صورت

70

معلوم بودن، یا نام خانوادگی مورد نظر وی، در صورت معلوم نبودن نام والدین واقعی، از اداره ثبت احوال درخواست نماید.

تبصره ۳ـ اجرای این ماده به موجب آیین‌نامه‌ای است که به وسیله سازمان ثبت احوال کشور و با همکاری سازمان تهیه می‌شود و ظرف سه‌ماه پس از لازم‌الاجراء شدن این قانون به تصویب هیأت وزیران می‌رسد.

ماده ۲۳ـ صدور گذرنامه و خروج کودک یا نوجوان تحت سرپرستی از کشور منوط به موافقت سرپرست منحصر یا سرپرستان و دادستان است. دادستان پس از جلب نظر کارشناسی سازمان با رعایت مصلحت، اتخاذ تصمیم می‌نماید.

تبصره ۱ـ چنانچه خروج از کشور در دوره آزمایشی باشد، سرپرست منحصر یا سرپرستان باید تضمینی مناسب جهت بازگشت کودک یا نوجوان تا پایان دوره آزمایشی، به دادستان بسپارد. ضمناً سازمان مکلف است به طریق اطمینان‌بخشی در مورد رعایت حقوق کودک یا نوجوان در خارج از کشور اقدام لازم را به‌عمل آورد.

تبصره ۲ـ در صورتی‌که مسافرت کودک یا نوجوان به خارج بر وی واجب باشد مانند سفر حج تمتع؛ مفاد این ماده اجراء نخواهد شد. سرپرست یا سرپرستان در هر حال باید موضوع را به سازمان و دادستان اطلاع دهند.

ماده ۲۴ـ دادستان و سازمان درصورتی‌که ضرورت فسخ حکم سرپرستی را احراز نمایند، مراتب را به دادگاه صالح اعلام می‌کنند.

ماده ۲۵ـ حکم سرپرستی، پس از اخذ نظر کارشناسی سازمان، در موارد زیر فسخ می‌شود:

الف ـ هر یک از شرایط مقرر در ماده (۶) این قانون منتفی گردد.

ب ـ تقاضای سرپرست منحصر یا سرپرستان در صورتی‌که سوء رفتار کودک یا نوجوان برای هر یک از آنان غیر قابل تحمل باشد.

ج ـ طفل پس از رشد با سرپرست منحصر یا سرپرستان توافق کند.

د ـ مشخص شدن پدر یا مادر یا جد پدری کودک یا نوجوان و یا وصی منصوب از سوی ولی قهری در صورتی که صلاحیت لازم برای سرپرستی را ولو با ضم امین یا ناظر از سوی دادگاه، دارا باشند.

ماده ۲۶ـ هرگاه سرپرست درصدد ازدواج برآید، باید مشخصات فرد مورد نظر را به دادگاه صالح اعلام نماید. درصورت وقوع ازدواج، سازمان مکلف است گزارش ازدواج را به دادگاه اعلام تا با حصول شرایط این قانون، نسبت به ادامه سرپرستی به صورت مشترک و یا فسخ آن اتخاذ تصمیم نماید.

تبصره ـ ازدواج چه در زمان حضانت و چه بعد از آن بین سرپرست و فرزندخوانده ممنوع است مگر اینکه دادگاه صالح پس از اخذ نظر مشورتی سازمان، این امر را به مصلحت فرزندخوانده تشخیص دهد.

ماده ۲۷ـ در صورت فسخ حکم سرپرستی تا زمان تعیین سرپرست یا سرپرستان جدید تغییری در مشخصات سجلی فرد تحت سرپرستی صورت نخواهد گرفت.

ماده ۲۸ـ افرادی که قبل از تصویب این قانون تحت سرپرستی قرار گرفته‌اند، مشمول مقررات این قانون می‌باشند.

ماده ۲۹ـ کسانی که افراد واجد شرایط را قبل از تصویب این قانون به صورت غیرقانونی تحت سرپرستی قرار داده‌اند، مکلف هستند ظرف شش ماه از تاریخ تصویب این قانون تحت نظارت سازمان و دادگاه نسبت به ادامه سرپرستی تعیین تکلیف نمایند. عدم مراجعه پس از مهلت اعطاء شده غیرقانونی بوده و پیگرد قضائی خواهد داشت.

ماده ۳۰ـ افرادی که بنابه دلایل موجه ویا تحت شرایط خاص، سرپرستی کودک یا نوجوانی را حداقل یکسال پیش از سپردن به سازمان، عهده‌دار بوده‌اند با دارا بودن شرایط مقرر در این قانون، نسبت به سرپرستی آنان حق تقدم دارند.

ماده ۳۱ـ ارائه مدارک و اطلاعات مربوط به کودک یا نوجوان تحت سرپرستی، جز به سرپرست یا سرپرستان صرفاً درصورت ضرورت، با رعایت مصلحت کودک یا نوجوان و اجازه دادگاه امکان‌پذیر است.

ماده ۳۲ـ دادگاه صالح برای رسیدگی به امور مربوط به نگهداری کودکان و نوجوانان بی‌سرپرست، دادگاه محل اقامت درخواست‌کننده است.

ماده ۳۳ـ در کلیه مواردی که به موجب این قانون توسط دادگاه صالح برای کودکان و نوجوانان سرپرست تعیین می‌گردد، دادگاه مکلف است رونوشت رأی را جهت اطلاع به سازمان ارسال نماید. سازمان موظف است در طول دوره سرپرستی، نسبت به این دسته از افراد نظارت کند.

ماده ۳۴ـ اعتراض به آراء صادره تابع قوانین و مقررات جاری و آیین‌دادرسی حسب مورد خواهد بود.

ماده ۳۵ـ سازمان بهزیستی موظف است به‌منظور راهنمایی و مشاوره افرادی که سرپرستی کودکان و نوجوانان را عهده‌دار می‌شوند، اقدام به ایجاد دفتر مشاوره دینی مربوط به امور فرزند خواندگی با همکاری مرکز مدیریت حوزه علمیه نماید. واگذاری سرپرستی کودکان و نوجوانان منوط به تأیید دفتر مذکور خواهد بود.

ماده ۳۶ـ به‌منظور انجام صحیح مسؤولیت پذیرش، نگهداری و مراقبت، حضانت و سرپرستی کودکان بی‌سرپرست و بدسرپرست توسط سازمان بهزیستی کشور و اختیار واگذاری سرپرستی آنان به خانواده‌های واجد شرایط و مؤسسات، آیین‌نامه‌های اجرائی این قانون با پیشنهاد وزارتخانه‌های تعاون، کار و رفاه اجتماعی، دادگستری و کشور ظرف سه‌ماه از تاریخ تصویب این قانون تهیه می‌شود و به تصویب هیأت وزیران می‌رسد.

ماده ۳۷ـ بند(۳) ماده(۴) قانون تأمین زنان و کودکان بی سرپرست مصوب ۲۴ /۸ / ۱۳۷۱ و قانون حمایت از کودکان بدون سرپرست مصوب ۲۹ /۱۲ /۱۳۵۳ لغو می گردد.

قانون فوق مشتمل بر سی و هفت ماده و هفده تبصره در جلسه علنی روز چهارشنبه مورخ دهم مهرماه یکهزار و سیصد و نود و دو مجلس شورای اسلامی تصویب شد و در تاریخ ۱۰ /۷ /۱۳۹۲ به تأیید شورای نگهبان رسید.

رئیس مجلس شورای اسلامی ـ علی لاریجانی

قانون حمایت از کودکان و نوجوانان

ماده ۱ – کلیه اشخاصی که به سن هجده سال تمام هجری شمسی نرسیده‌اند ازحمایت‌های قانونی مذکور در این قانون بهره‌مند می‌شوند.

ماده ۲ – هر نوع اذیت و آزار کودکان و نوجوانان که موجب شود به آنان صدمه‌جسمانی یا روانی و اخلاقی وارد شود و سلامت جسم یا روان آنان را به مخاطره اندازدممنوع است.

ماده ۳ – هرگونه خرید، فروش، بهره‌کشی و به کارگیری کودکان به منظور ارتکاب اعمال خلاف ازقبیل قاچاق، ممنوع و مرتکب، حسب مورد علاوه بر جبران خسارات وارده‌به شش ماه تا یک سال زندان و یا به جزای نقدی از ده میلیون (۱۰۰۰۰۰۰۰) ریال تا بیست میلیون (۲۰۰۰۰۰۰۰) ریال محکوم خواهد شد.

ماده ۴ – هرگونه صدمه و اذیت و آزار و شکنجه جسمی و روحی کودکان و نادیده‌گرفتن عمدی سلامت و بهداشت روانی و جسمی و ممانعت از تحصیل آنان ممنوع و مرتکب به سه ماه و یک روز تا شش ماه حبس و یا تا ده میلیون (۱۰۰۰۰۰۰۰) ریال جزای نقدی محکوم می‌گردد.

ماده ۵ – کودک آزاری از جرائم عمومی بوده و احتیاج به شکایت شاکی خصوصی ندارد.

ماده ۶ – کلیه افراد و مؤسسات و مراکزی که به نحوی مسؤولیت نگاهداری وسرپرستی کودکان را بر عهده دارند مکلفند به محض مشاهده موارد کودک آزاری مراتب راجهت پیگرد قانونی مرتکب و اتخاذ تصمیم مقتضی به مقامات صالح قضائی اعلام نمایند تخلف از این تکلیف موجب حبس تا شش ماه یا جزای نقدی تا پنج میلیون (۵/۰۰۰/۰۰۰) ریال خواهد بود.

ماده ۷ – اقدامات تربیتی در چارچوب ماده (۵۹) قانون مجازات اسلامی مصوب ۱۳۷۰/۹/۷ و ماده (۱۱۷۹) قانون مدنی مصوب ۱۳۱۴/۱/۱۹ از شمول این قانون مستثنی‌است.

ماده ۸ – اگر جرائم موضوع این قانون مشمول عناوین دیگر قانونی شود یا در قوانین دیگر حد یا مجازات سنگین‌تری برای آنها مقرر شده باشد، حسب مورد حد شرعی یامجازات اشد اعمال خواهد شد.

ماده ۹ – از تاریخ تصویب این قانون کلیه مقررات مغایر با آن ملغی‌الاثر می‌گردد.

قانون فوق مشتمل بر نه ماده در جلسه علنی روز دوشنبه مورخ بیست و پنجم آذر ماه یکهزار و سیصد و هشتاد و یک مجلس شورای اسلامی تصویب و در تاریخ ۱۳۸۱/۱۰/۱۱ به‌تأیید شورای نگهبان رسیده است.

رئیس مجلس شورای اسلامی- مهدی کروبی

قانون تأمین زنان و کودکان بی سرپرست

ماده ۱ - به پیروی از تعالیم عالیه اسلام در جهت حفظ شئون و حقوق اجتماعی زن و کودک بی‌سرپرست و زدودن آثار فقر از جامعه اسلامی و به‌منظور اجرای قسمتی از اصل بیست و یکم قانون اساسی جمهوری اسلامی ایران، زنان و کودکان بی‌سرپرستی که تحت پوشش قوانین حمایتی دیگری‌نیستند از حمایتهای مقرر در این قانون بهره‌مند خواهند شد.

ماده ۲ - مشمولان این قانون عبارتند از:

۱ - زنان بیوه - بیوه به زنانی اطلاق می‌شود که به عقد ازدواج (دائم یا منقطع) درآمده و سپس به یکی از دلایل طلاق، فوت شوهر، فسخ عقد،صدور حکم موت فرضی، بذل مدت و یا انقضای مدت در نکاح منقطع، شوهر خود را از دست داده باشند.

۲ - زنان پیر و سالخورده - زنان بی‌سرپرست و مسنی هستند که قادر به تأمین معاش خود نباشند.

۳ - سایر زنان و دختران بی‌سرپرست - به زنان و دخترانی اطلاق می‌شود که بنا به عللی از قبیل: مفقودالاثر شدن یا ازکارافتادگی سرپرست، بطور دائم یا موقت بدون سرپرست (نان‌آور) می‌مانند.

۴ – کودکان بی‌سرپرست – به کودکانی اطلاق می‌شود که بنا به هر علت و بطور دائم یا موقت، سرپرست خود را از دست داده باشند.

تبصره ۱ – پسران موضوع بند ۴ این ماده تا رسیدن به حداقل سن قانونی (مندرج در قانون کار) و دختران تا زمانی که ازدواج نمایند مشمول این‌قانون باقی خواهند ماند مگر اینکه تحت سرپرستی قرار گیرند یا به نحوی تمکن مالی بیابند.

تبصره ۲ – پسرانی که ادامه تحصیل دهند به شرط وجود اعتبار تا پایان تحصیل مشمول مفاد این قانون می‌باشند.

ماده ۳ – زنان و کودکان بی‌سرپرست که به هر نحو از مستمری‌های بازنشستگی، ازکارافتادگی و بازماندگان بهره‌مند می‌شوند و یا از تمکن مالی‌برخوردار باشند از شمول مقررات این قانون خارج هستند.

ماده ۴ – حمایتهای موضوع این قانون عبارتند از:

۱ – حمایتهای مالی شامل تهیه وسائل و امکانات خودکفائی یا مقرری نقدی و غیر نقدی به صورت نوبتی یا مستمر.

۲ – حمایتهای فرهنگی، اجتماعی شامل ارائه خدماتی نظیر خدمات آموزشی (تحصیلی)، تربیتی، کاریابی، آموزش حرفه و فن جهت ایجاداشتغال، خدمات مشاوره‌ای و مددکاری جهت رفع مسائل و مشکلات زندگی مشمولان و به وجود آوردن زمینه ازدواج و تشکیل خانواده.

تبصره - کلیه مشمولان واجد شرایط که از سلامتی جسمی و روانی برخوردارند به تشخیص مددکاران ذیربط، جهت شرکت در دوره‌های آموزش حرفه‌ای و کاریابی معرفی می‌شوند.

ماده ۵ - میزان و مدت پرداخت مقرری ماهیانه طبق آئین‌نامه‌ای تعیین می‌گردد که بنا به پیشنهاد سازمان بهزیستی کشور به تصویب هیأت وزیران می‌رسد.

تبصره - پرداخت مقرری نقدی و غیر نقدی تا احراز موارد مندرج در ماده (۶) این قانون ادامه خواهد یافت.

ماده ۶ - در موارد زیر مقرری مشمولان قطع خواهد شد.

۱ - در صورت ازدواج، رجوع یا تحت تکفل قرار گرفتن.

۲ - یافتن تمکن مالی.

۳ - خودداری از شرکت در دوره‌های آموزشی (تحصیلی) و آموزش بدون عذر موجه.

۴ - امتناع از قبول شغل مناسب پیشنهادی.

تبصره - در صورت محکومیت کیفری که منجر به بازداشت و زندان شود، مقرری مربوط در مدت محکومیت قطع خواهد شد.

ماده ۷ - هر کس بر اساس اسناد و گواهی‌ها ی خلاف یا با توسل به عناوین تقلبی از مزایای مقرر در این قانون به نفع خود استفاده نماید به رد عین یامعادل کمکهای

نقدی و غیر نقدی دریافتی و نیز تا دو برابر آن جریمه محکوم می‌شود و چنانچه موجبات استفاده اشخاص ثالث را من غیر حق فراهم‌نماید به جزای نقدی تا سه برابر مزبور محکوم خواهد شد.

تبصره ۱ - کلیه خسارات و وجوه حاصله از جرائم نقدی مقرر در این قانون جزء درآمد اختصاصی سازمان بهزیستی و در یک ردیف درآمد و هزینه‌مستقل همه‌ساله در قانون بودجه منظور و طبق آئین‌نامه‌ای که به تصویب هیأت وزیران خواهد رسید هزینه می‌گردد.

تبصره ۲ - سازمان بهزیستی می‌تواند از هدایا و کمک‌های اشخاص حقیقی و حقوقی در جهت اجرای این قانون استفاده نماید.

ماده ۸ - چنانچه مشمولان این قانون، اشتغال، ازدواج یا رجوع خود را مکتوم داشته و مقرری دریافت دارند، برابر ماده ۷ این قانون مورد پیگرد قرارخواهد گرفت.

ماده ۹ - سازمان بهزیستی کشور مجری این قانون خواهد بود و موظف است آئین‌نامه‌های اجرائی مربوط را ظرف سه ماه از تاریخ ابلاغ قانون باهماهنگی کلیه نهادها و دستگاه‌های ذیربط تهیه و جهت تصویب به هیأت وزیران تقدیم نماید.

تبصره - اجرای این قانون مانع از انجام وظایف قانونی و موارد پیش‌بینی شده در اساسنامه کمیته امداد امام خمینی (ره) نمی‌باشد و کمیته مزبور درچارچوب وظایف قانونی خویش کماکان نسبت به ارائه خدمات مربوط ادامه خواهد داد.

ماده ۱۰ - کلیه وزارتخانه‌ها، سازمانهای دولتی و وابسته به دولت، مؤسسات عمومی و سازمانهائی که شمول قانون بر آنها مستلزم ذکر نام می‌باشدموظفند همکاریهای لازم را در زمینه اجرای این قانون با سازمان بهزیستی کشور معمول دارند.

قانون فوق مشتمل بر ده ماده و هشت تبصره در جلسه روز یکشنبه مورخ بیست و چهارم آبان ماه یکهزار و سیصد و هفتاد و یک مجلس شورای اسلامی تصویب و در تاریخ ۱۳۷۱/۸/۲۷ به تأیید شورای نگهبان رسیده است.

رئیس مجلس شورای اسلامی - علی‌اکبر ناطق نوری

قانون الحاق دولت جمهوری اسلامی ایران به پروتکل اختیاری کنوانسیون حقوق کودک در خصوص فروش، فحشاء و هرزه نگاری کودکان

(مصوب ۴/۳/۱۳۷۹ برابر با ۲۵ مه ۲۰۰۰ مجمع عمومی سازمان ملل متحد)

قانون الحاق دولت جمهوری اسلامی ایران به پروتکل اختیاری کنوانسیون حقوق کودک درخصوص فروش، فحشاء و هرزه‌نگاری کودکان

(مصوب ۱۳۷۹/۳/۴ برابر با ۲۵ مه ۲۰۰۰ مجمع عمومی سازمان ملل متحد)

ماده واحده – به دولت جمهوری اسلامی ایران اجازه داده می‌شود به پروتکل اختیاری کنوانسیون حقوق کودک درخصوص فروش، فحشاء و هرزه نگاری (مصوب ۱۳۷۹/۳/۴هجری شمسی برابر با ۲۵ مه ۲۰۰۰ میلادی مجمع عمومی سازمان ملل متحد) به شرح پیوست ملحق شود و اسناد آن را نزد دبیرکل سازمان ملل متحد تودیع نماید.

تبصره ۱ – مسؤولیت پیگیری اقداماتی که طبق این پروتکل برعهده دستگاههای اجرائی است و نیز تنظیم گزارش اقدامات یاد شده برعهده وزارت دادگستری می‌باشد.

بسم‌الله الرحمن الرحیم

پروتکل اختیاری کنوانسیون حقوق کودک درخصوص فروش، فحشاء و هرزه‌نگاری کودکان (مصوب ۱۳۷۹/۳/۴ برابر با ۲۵ مه ۲۰۰۰ مجمع عمومی سازمان ملل متحد)

کشورهای عضو این پروتکل:

با توجه به اینکه جهت دستیابی بیشتر به اهداف کنوانسیون حقوق کودک و اجراء مفاد آن، به‌ویژه مواد (۱)، (۱۱)(۲۱)، (۳۲)، (۳۳)، (۳۴)، (۳۵) و(۳۶)، اصلح است اقداماتی را که کشورهای عضو به‌منظور تضمین حمایت از کودک دربرابر فروش، فحشاء و هرزه نگاری کودکان اتخاذ می نمایند، توسعه یابد. همچنین با توجه به اینکه کنوانسیون حقوق کودک، حق کودک را برای حمایت شدن دربرابر استثمار اقتصادی و انجام هر کاری که ممکن است زیانبار بوده یا خللی در تحصیل کودک وارد آورد یا به سلامتی کودک یا رشد جسمی، ذهنی، روحی، اخلاقی یا اجتماعی او آسیب رساند، به رسمیت شناخته است. با نگرانی شدید از روند رو به افزایش و قابل توجه قاچاق کودکان با هدف فروش، فحشاء و هرزه‌نگاری کودکان.

با نگرانی عمیق از توریسم جنسی گسترده و درحال تداوم که به‌ویژه کودکان دربرابر آن آسیب پذیر می باشند، به‌گونه‌ای که این امر به‌طور مستقیم فروش، فحشاء و هرزه نگاری کودکان را افزایش می دهد. با اذعان به اینکه تعدادی از گروههای آسیب پذیر خاص، ازجمله دختر بچه‌ها، در معرض خطرات گسترده تر استثمار جنسی

84

قرار دارند و اینکه دختر بچه‌ها به‌گونه نامناسبی در میان استثمار شدگان جنسی نمود پیدا می کنند.

با نگرانی از دسترسی روبه رشد به هرزه‌نگاری کودک در اینترنت و دیگر فناوری‌های درحال گسترش و با یادآوری کنفرانس بین‌المللی مبارزه با هرزه‌نگاری کودک در اینترنت (وین ۱۳۷۸ هجری شمسی برابر ۱۹۹۹ میلادی) و به‌ویژه بیانیه پایانی آن که خواستار آن شده که تولید، توزیع، صدور، انتقال، ورود، تملک ارادی و تبلیغ هرزه نگاری کودک در سطح جهانی جرم محسوب گردیده و بر اهمیت همکاری و مشارکت نزدیک تر میان دولتها و صنعت اینترنت تأکید نموده است.

با اعتقاد به اینکه محو فروش، فحشاء و هرزه‌نگاری کودکان با اتخاذ راهبرد جامعی که به عوامل دخیل از جمله توسعه نیافتگی، فقر، نابرابری اقتصادی، ساختار اقتصادی – اجتماعی ناعادلانه، اختلالهای خانوادگی، فقدان آموزش، مهاجرت از روستا به شهر، تبعیض جنسی، رفتار جنسی غیر مسؤولانه بزرگسالان، رفتارهای سنتی زیا نبار، منازعات مسلحانه و قاچاق کودکان می پردازد، تسهیل می گردد. با اعتقاد به لزوم تلاش برای ارتقاء آگاهیهای عمومی به‌منظور کاهش تقاضا برای فروش، فحشاء و هرزه نگاری کودکان و همچنین با اعتقاد به اهمیت تقویت مشارکت جهانی میان تمامی عوامل و بهبود اجراء قوانین در سطح ملی.

مجموعه قوانین مرتبط با حقوق کودکان در ایران

با در نظر گرفتن مقررات اسناد حقوقی بین‌المللی مربوط به حمایت از کودکان، ازجمله کنوانسیون لاهه درزمینه حمایت از کودکان و همکاری درخصوص احترام به فرزندخواندگی میان کشوری; کنوانسیون لاهه درخصوص ابعاد مدنی ربودن کودک در سطح بین‌المللی ; کنوانسیون لاهه درخصوص صلاحیت، قانون حاکم، تشخیص، اجراء و همکاری درمورد مسؤولیت والدین و اتخاذ اقداماتی برای حمایت از کودکان و کنوانسیون شماره (۱۸۲) سازمان بین‌المللی کار درخصوص ممنوعیت و اقدام فوری برای محو بدترین اشکال کار کودک.

با دلگرمی از حمایت وسیع نسبت به کنوانسیون حقوق کودک که بیانگر تعهد گسترده‌ای است که برای ارتقاء و حمایت از حقوق کودک وجود دارد.

با اذعان به اهمیت اجراء مفاد برنامه عمل برای جلوگیری از فروش، فحشاء و هرزه‌نگاری کودکان و بیانیه و دستور کار اتخاذ شده در کنگره جهانی علیه استثمار جنسی تجاری کودکان که از تاریخ پنجم لغایت نهم شهریور ماه ۱۳۷۵ هجری شمسی (۲۷ لغایت ۳۱ آگوست ۱۹۹۶ میلادی) در استکهلم برگزار شد و دیگر توصیه‌ها و تصمیم‌های مربوط نهادهای بین‌المللی ذی ربط.

با توجه به اهمیت سنت‌ها و ارزشهای فرهنگی هر یک از ملتها برای حمایت و رشد هماهنگ کودک، به شرح زیر توافق نمودند:

ماده ۱ – کشورهای عضو، فروش، فحشاء و هرزه‌نگاری کودکان را به‌گونه‌ای که در این پروتکل پیش‌بینی گردیده است، ممنوع خواهند ساخت.

ماده ۲ – از نظر این پروتکل:

الف – فروش کودکان به هرگونه عمل یا معامله‌ای اطلاق می‌شود که به‌وسیله آن، کودک توسط شخص یا گروهی از اشخاص به‌منظور سودجوئی یا هرمنظوری به دیگری انتقال داده شود.

ب – فحشاء کودک به استفاده از کودک در فعالیتهای جنسی به‌منظور سود جوئی یا هرمنظور دیگری اطلاق می شود.

پ – هرزه نگاری کودک به هرگونه نمایش کودک درگیر در فعالیتهای واقعی یا مشابه سازی شده آشکار جنسی، با هر وسیله یا هرگونه نمایش اندام جنسی کودک برای اهداف عمدتاً جنسی اطلاق می‌شود.

ماده ۳ –

۱ – هر کشور عضو حداقل از تحت پوشش قرارگرفتن کامل اقدامات و فعالیتهای زیر به موجب حقوق جزائی یا کیفری خویش اطمینان حاصل خواهد نمود، خواه این جرائم در سطح داخلی یا فراملی، یا برمبنای فردی یا سازمان یافته صورت گرفته باشد:

87

الف – در زمینه فروش کودکان به‌گونه‌ای که در ماده (۲) تعریف گردید:

(۱) – عرضه، تحویل یا پذیرش کودک به هر وسیله، به منظور :

(الف) – استثمار جنسی از کودک.

(ب) – انتقال اندام کودک برای کسب سود.

(پ) – به کارگیری کودک در کار اجباری.

(۲) – توافق غیر ارادی نامناسب، به صورت یک واسطه، به منظور فرزندخواندگی کودک با نقض اسناد حقوقی بین‌المللی حاکم درمورد فرزندخواندگی.

ب – عرضه، ابتیاع، تحصیل یا تدارک کودک به‌منظور فحشاء کودک به‌گونه‌ای که در ماده (۲) تعریف گردید.

پ – تولید، توزیع، انتشار، ورود، صدور، عرضه، فروش یا مالکیت هرزه‌نگاری کودک برای مقاصد فوق به گونه‌ای که در ماده (۲) تعریف گردید.

۲ - با رعایت مقررات قانون ملی یک کشور عضو، همین امر در مورد کوشش برای مبادرت به هر یک از این اقدامات و همدستی در جرم یا مشارکت در هر یک از این اعمال خواهد گردید.

۳ - هر کشور عضو این جرائم را با کیفرهای مقتضی که ماهیت خطرناک این جرائم را درنظر گیرد، قابل مجازات خواهد ساخت.

۴ – هر کشور عضو در صورت اقتضاء با رعایت مقررات قانون ملی خود، اقداماتی را درخصوص ایجاد مسؤولیت اشخاص حقوقی در زمینه جرائم مذکور در بند (۱) این ماده به‌عمل خواهد آورد. با رعایت اصول حقوقی کشور عضو، این مسؤولیت اشخاص حقوقی ممکن است کیفری، مدنی یا اجرائی باشد.

۵ – کشورهای عضو کلیه اقدامات حقوقی و اجرائی مقتضی را به‌عمل خواهند آورد تا اطمینان حاصل شود که کلیه افراد دخیل در فرزند خواندگی کودک، طبق اسناد حقوقی بین‌المللی حاکم اقدام می‌نمایند.

ماده ۴ –

۱ – هر کشور عضو چنانچه جرائم در قلمرو یا کشتی یا هواپیمای ثبت شده در آن کشور روی دهد اقداماتی را که برای احراز صلاحیت قضائی خویش در مورد جرائم موضوع بند (۱) ماده (۳) که ممکن است ضروری باشد، به عمل خواهد آورد.

۲ – هر کشور عضو می‌تواند اقداماتی را که ممکن است برای احراز صلاحیت قضائی خویش درمورد جرائم موضوع بند (۱) ماده (۳) ضروری باشد، درموارد زیر به‌عمل آورد:

الف – چنانکه متهم مورد ادعا تبعه آن کشور یا شخصی باشد که در قلمرو آن اقامت دائم دارد؛

ب – چنانچه قربانی تبعه آن کشور باشد.

89

۳ - همچنین هر کشور عضو چنانچه متهم مورد ادعا در قلمرو آن کشور حضور داشته باشد و براساس اینکه جرم توسط یکی از اتباع آن روی داده است وی را به دیگر کشور عضو مسترد نکند، اقداماتی را که ممکن است برای احراز صلاحیت قضائی خویش درمورد جرائم فوق‌الذکر ضروری باشد، به عمل خواهد آورد.

۴ - این پروتکل هیچ‌گونه صلاحیت کیفری اعمال شده طبق قانون داخلی را نفی نمی‌نماید.

ماده ۵ -

۱ - چنین تلقی می‌شود که جرائم موضوع بند (۱) ماده (۳) به عنوان جرائم قابل استرداد در هر معاهده استرداد موجود میان کشورهای عضو، اضافه شده و در هر معاهده استردادی که در آینده میان آنها منعقد می‌شود، طبق شرایط مندرج در آن معاهدات به‌عنوان جرائم قابل استرداد اضافه خواهد گردید.

۲ - اگر کشور عضوی که استرداد را مشروط به وجود معاهده می‌کند، درخواستی را برای استرداد از سوی کشور عضو دیگری که هیچ معاهده استردادی با آن ندارد دریافت کند، می‌تواند این پروتکل را به‌عنوان مبنای قانونی برای استرداد درارتباط با چنین جرائمی مدنظر قرار دهد. استرداد تابع شرایطی خواهد بود که قانون کشور خوانده در نظر گرفته است.

۳ - کشورهای عضوی که استرداد را مشروط به وجود معاهده نمی‌کنند، چنین جرائمی را با رعایت شرایطی که توسط قانون کشور خوانده در نظر گرفته است، به‌عنوان جرائم قابل استرداد میان خود به رسمیت خواهند شناخت.

۴ - با جرائم مزبور به منظور استرداد مجرمین میان کشورهای عضو به‌گونه‌ای برخورد خواهد شد که گویی این‌گونه جرائم نه تنها در مکان وقوع جرم، بلکه در قلمرو کشورهائی که لازم است صلاحیت قضائی خود را مطابق ماده (۴) احراز نمایند، ارتکاب یافته است.

۵ - اگر درخواست استرداد درخصوص جرائمی باشد که در بند (۱) ماده (۳) تشریح شده است و اگر کشور عضو خوانده برمبنای ملیت متخلف وی را مسترد نمی‌کند یا نخواهد کرد، آن کشور اقدامات مناسبی را جهت ارجاع موضوع به مراجع صالح خویش به‌منظور پیگیری قضائی، اتخاذ خواهد نمود.

ماده ۶ -

۱ - کشورهای عضو بیشترین مساعدت را درارتباط با اقدامات تحقیقاتی یا کیفری یا استرداد در زمینه جرائم مندرج در بند (۱) ماده (۳)، ازجمله مساعدت به‌منظور به‌دست آوردن شواهد موجود که برای جریان دادرسی مذکور ضروری است، به یکدیگر ارائه خواهند نمود.

۲ - کشورهای عضو تعهدات خویش به موجب بند (۱) این ماده را طبق هر معاهده یا ترتیبات دیگری درخصوص مساعدت حقوقی دوجانبه که ممکن است میان آنها وجود داشته باشد، به عمل خواهند آورد. کشورهای عضو ضرورت عدم وجود چنین معاهدات یا ترتیباتی، طبق قوانین داخلی خویش به یکدیگر مساعدت خواهند نمود.

ماده ۷ - کشورهای عضو با رعایت مقررات قوانین ملی خویش، موارد زیر را انجام خواهند داد:

الف - درصورت اقتضاء، اتخاذ اقداماتی به منظور ضبط و مصادره موارد زیر:

۱ - کالاهائی مانند مواد، دارائی‌ها و دیگر ابزارآلاتی که جهت ارتکاب یا تسهیل جرائم موضوع در این پروتکل مورد استفاده قرار گرفته‌اند.

۲ - عایدات ناشی از این گونه جرائم.

ب - اجراء درخواستهای کشور عضو دیگر برای ضبط یا مصادره کالاها یا عایدات موضوع جزء (۱) بند (الف) فوق.

پ - اتخاذ اقداماتی به منظور تعطیل نمودن اماکنی که برای ارتکاب چنین جرائمی مورد استفاده قرار گرفته‌اند، به صورت موقت یا برای مدت معین.

ماده ۸ -

۱ - کشورهای عضو به منظور حمایت از حقوق و منافع کودکان قربانی اعمال ممنوع شده به موجب این پروتکل در تمامی مراحل رسیدگی کیفری، اقدامات مقتضی را بهویژه از راههای زیر به عمل خواهند آورد:

الف - به رسمیت شناختن آسیب پذیری کودکان قربانی و تصویب تشریفاتی به منظور شناسائی نیازهای خاص ایشان، از جمله نیازهای خاص ایشان به عنوان شواهد.

ب - آگاه نمودن کودکان قربانی از حقوق، نقش و حوزه عمل ایشان، زمانبندی و پیشرفت مراحل رسیدگی و وضعیت موارد تحت بررسی آنها.

پ - فراهم نمودن زمینه ارائه و مورد توجه قرار گرفتن دیدگاهها، نیازها و نگرانیهای کودکان قربانی در روند رسیدگی در چهارچوبی منطبق با آئین دادرسی قانون ملی، درصورتی که منافع شخصی ایشان تحت تأثیر قرار گرفته باشد.

ت - فراهم نمودن خدمات حمایتی مقتضی برای کودکان قربانی در تمامی مراحل رسیدگی حقوقی.

ث - درصورت اقتضاء حمایت از امور خصوصی و هویت کودکان قربانی و اتخاذ اقداماتی طبق قوانین ملی جهت اجتناب از انتشار نابجای اطلاعاتی که میتواند موجب شناسائی کودکان قربانی شود.

ج – درموارد مقتضی، تأمین امنیت برای کودکان قربانی و همچنین خانواده‌ها و شهود ایشان در برابر ارعاب و انتقام گیری.

چ – اجتناب از تأخیر غیرضروری در بررسی موارد و اجراء احکام و آراء مربوط به پرداخت غرامت به کودکان قربانی.

۲ – کشورهای عضو تضمین خواهند کرد که مشخص نبودن سن واقعی قربانی، مانع آغاز تحقیقات کیفری از جمله تحقیقاتی که با هدف تعیین سن قربانی صورت می گیرد، نخواهد شد.

۳ – کشورهای عضو تضمین خواهند کرد که در مواجهه نظام قضائی کیفری با کودکانی که قربانی جرائم تشریح شده در این پروتکل هستند، بهترین منافع کودک به‌عنوان یک ملاحظه اساسی محسوب گردد.

۴ – کشورهای عضو اقداماتی را به منظور تضمین آموزش مناسب، به‌ویژه آموزش حقوقی و روانشناسی برای اشخاصی که با قربانیان جرائم ممنوع شده به‌موجب این پروتکل کار می‌کنند، به عمل خواهند آورد.

۵ – کشورهای عضو در موارد مقتضی اقداماتی را به منظور حمایت از امنیت وشخصیت و یا سازمانهائی که درگیر پیشگیری و یا حمایت و بازیابی قربانیان چنین جرائمی هستند، به عمل خواهند آورد.

۶ - مفاد این ماده به عنوان پیش‌داوری نسبت به حقوق یا نقض حقوق متهم برای برخورداری از محاکمه بی‌طرفانه و عادلانه تلقی نخواهد شد.

ماده - ۹

۱ - کشورهای عضو انتشار و اجراء قوانین، اقدامات اداری، برنامه‌ها وسیاستهای اجتماعی را به منظور پیشگیری از جرائم موضوع این پروتکل تقویت یا تصویب خواهند نمود. توجه خاصی به حمایت از کودکانی که به‌طور ویژه نسبت به این اعمال آسیب پذیرند نیز مبذول خواهد گردید.

۲ - کشورهای عضو با بهره‌گیری از اطلاعات ازطریق تمامی ابزار مناسب، آموزش و کارآموزی درخصوص اقدامات پیشگیرانه و اثرات مخرب جرائم موضوع این پروتکل، سطح آگاهی عمومی عموم از جمله کودکان را ارتقاء خواهند بخشید. کشورهای عضو در راستای انجام تعهدات خود به موجب این ماده، مشارکت بخشهای مختلف جامعه و به ویژه کودکان و کودکان قربانی را دراین گونه اطلاعات و برنامه‌های کارآموزی و آموزشی ازجمله در سطح بین‌المللی تشویق خواهند نمود.

۳ - کشورهای عضو تمام اقدامات ممکن را با هدف حصول اطمینان از ارائه تمامی مساعدتهای مقتضی به قربانیان این‌گونه جرائم ازجمله سازگاری مجدد و کامل اجتماعی و بهبود جسمی و روحی کامل ایشان، به عمل خواهند آورد.

۴ - کشورهای عضو تضمین خواهند کرد که تمامی کودکان قربانی جرائم تشریح شده در این پروتکل بدون تبعیض به رویههای مناسب برای درخواست غرامت بابت خسارات وارده از جانب کسانی که قانوناً مسؤول هستند، دسترسی داشته باشند.

۵ - کشورهای عضو اقدامات مقتضی را با هدف ممنوعیت مؤثر تولید و توزیع مواد و لوازم تبلیغ کننده جرائم تشریح شده در این پروتکل، به عمل خواهند آورد.

ماده ۱۰ -

۱ - کشورهای عضو تمامی اقدامات ضروری را جهت تقویت همکاری بینالمللی ازطریق ترتیبات دوجانبه، منطقهای و چندجانبه بهمنظور جلوگیری، کشف، تحقیق، پیگرد و مجازات عاملان فروش، فحشاء و هرزهنگاری کودکان و توریسم جنسی کودک، به عمل خواهند آورد. کشورهای عضو همچنین همکاری و هماهنگی بینالمللی میان مراجع خویش، سازمانهای غیردولتی ملی و بینالمللی و سازمانهای بینالمللی را ارتقاء خواهند بخشید.

۲ - کشورهای عضو همکاری بینالمللی را بهمنظور کمک به کودکان قربانی جهت بهبود جسمی و روحی، سازگاری مجدد اجتماعی و بازگشت به موطن خویش، ارتقاء خواهند بخشید.

۳ - کشورهای عضو تقویت همکاری بین المللی را به منظور رسیدگی به دلایل اصلی مؤثر بر آسیب پذیری کودکان نسبت به فروش، فحشاء و هرزه نگاری کودکان و توریسم جنسی کودک، مانند فقر و توسعه نیافتگی، ارتقاء خواهند بخشید.

۴ - کشورهای عضو به منظور اقدام در چنین وضعیتی، کمکهای مالی، فنی یا دیگر مساعدتها را ازطریق برنامه‌های چندجانبه، منطقه‌ای، دوجانبه یا دیگر برنامه‌های موجود فراهم خواهند نمود.

ماده ۱۱ - مفاد این پروتکل تأثیری بر مقرراتی که درجهت تحقق حقوق کودک مؤثرترند و ممکن است جزء موارد زیر باشند، نخواهد داشت:

الف - قوانین کشور عضو.

ب - حقوق بین‌الملل لازم الاجراء در آن کشور.

ماده ۱۲ -

۱ - هر کشور عضو ظرف مدت دو سال پس از لازم الاجراء شدن پروتکل برای آن کشور عضو، گزارشی را که دربردارنده اطلاعات جامع درخصوص اقدامات به عمل آمده برای اجراء مفاد پروتکل است به کار گروه (کمیته) حقوق کودک ارائه خواهد نمود.

۲ - هر کشور عضو متعاقب ارائه گزارش جامع، هرگونه اطلاعات بیشتر درخصوص اجراء پروتکل را در گزارشاتی که طبق ماده (۴۴) کنوانسیون به کار گروه (کمیته) حقوق کودک ارائه می‌کند، خواهد گنجاند. دیگر کشورهای عضو پروتکل هر پنج سال، یک گزارش ارائه خواهند نمود.

۳ - کار گروه (کمیته) حقوق کودک می‌تواند از کشورهای عضو بخواهد اطلاعات بیشتری را درمورد اجراء این پروتکل ارائه دهند.

ماده ۱۳ –

۱ - این پروتکل برای امضای هر کشوری که عضو کنوانسیون است یا آن را به امضاء رسانده است، مفتوح است.

۲ - این پروتکل منوط به تصویب است و برای الحاق هر کشوری که عضو کنوانسیون است یا آن را به امضاء رسانده است، مفتوح است. اسناد تصویب یا الحاق به دبیرکل سازمان ملل متحد سپرده خواهند شد.

ماده ۱۴ –

۱ - این پروتکل سه ماه پس از سپردن دهمین سند تصویب یا الحاق لازم‌الاجراء خواهد شد.

۲ - این پروتکل برای هر کشوری که پس از لازم الاجراء شدن پروتکل، آن را

تصویب کند یا به آن ملحق شود، یک ماه پس از تاریخ سپردن سند تصویب یا الحاق آن کشور، لازم الاجراء خواهد شد.

ماده ۱۵ –

۱ – هر کشور عضو می‌تواند در هر زمان با ارسال اطلاعیه کتبی به دبیرکل سازمان ملل متحد از عضویت در این پروتکل انصراف دهد. دبیرکل سازمان ملل متحد متعاقباً دیگر کشورهای عضو کنوانسیون و تمامی کشورهای امضاء کننده کنوانسیون را از این امر مطلع خواهد ساخت. انصراف از عضویت، یک سال پس از تاریخ دریافت اطلاعیه توسط دبیرکل سازمان ملل متحد نافذ خواهد شد.

۲ – این گونه انصراف از عضویت تأثیری بر خودداری کشور عضو از ایفاء تعهدات خود به‌موجب این پروتکل درارتباط با هر جرمی که قبل از تاریخ نافذ شدن انصراف از عضویت رخ می‌دهد، نخواهد داشت. همچنین این گونه انصراف از عضویت به هیچ وجه لطمه‌ای به بررسی مستمر هر موضوعی که قبل از تاریخ نافذ شدن انصراف از عضویت، از سوی کار گروه (کمیته) در دست رسیدگی بوده است، نخواهد زد.

ماده ۱۶ –

۱ – هر کشور عضو می‌تواند اصلاحیه‌ای پیشنهاد کرده و آن را نزد دبیرکل سازمان ملل متحد ثبت نماید. دبیرکل سپس اصلاحیه پیشنهادی را برای کشورهای عضو ارسال خواهد نمود و از آنها درخواست خواهد کرد که نظر خود را درباره برپایی

فراهمایی (کنفرانس) کشورهای عضو به‌منظور بررسی و رأی‌گیری درمورد پیشنهادها اعلام نمایند. چنانچه ظرف مدت چهار ماه از تاریخ مکاتبه مزبور، حداقل یک سوم کشورهای عضو موافق برگزاری چنین فراهمایی (کنفرانسی) باشند، دبیرکل فراهمایی (کنفرانس) را در سایه حمایت سازمان ملل متحد برگزار خواهد کرد. هر اصلاحیه‌ای که مورد تصویب اکثریت کشورهای عضو حاضر و رأی دهنده در فراهمایی (کنفرانس) قرار گیرد، جهت تصویب به مجمع عمومی تسلیم خواهد شد.

۲ – اصلاحیه‌ای که طبق بند (۱) این ماده به‌تصویب می رسد، پس از‌تصویب مجمع عمومی سازمان ملل متحد و پذیرش اکثریت دو سوم کشورهای عضو لازم‌الاجراء خواهد شد.

۳ – چنانچه اصلاحیه‌ای لازم الاجراء شود، برای آن دسته از کشورهای عضوی که آن را پذیرفته‌اند، الزام‌آور خواهد بود و دیگر کشورهای عضو همچنان نسبت به مفاد این پروتکل و هرگونه اصلاحیه‌ای که قبلاً پذیرفته‌اند، متعهد خواهند بود.

ماده ۱۷ –

۱ – این پروتکل که متون عربی، چینی، انگلیسی، فرانسوی، روسی و اسپانیائی آن همگی از اعتبار یکسان برخوردارند، در بایگانی سازمان ملل متحد نگهداری خواهد شد.

۲ - دبیرکل سازمان ملل متحد نسخ تصدیق شده این پروتکل را برای کلیه کشورهای عضو کنوانسیون و تمامی کشورهائی که کنوانسیون را امضاء کرده‌اند، ارسال خواهد کرد.

قانون فوق مشتمل بر ماده واحده منضم به متن پروتکل، شامل مقدمه و هفده ماده در جلسه علنی روز سه‌شنبه مورخ نهم مردادماه یکهزار و سیصد و هشتاد و شش مجلس شورای اسلامی تصویب و در تاریخ ۱۳۸۶/۵/۱۷ به تأیید شورای نگهبان رسید.

رئیس مجلس شورای اسلامی ـ غلامعلی حدادعادل

آیین نامه شورای نظارت بر ساخت، طراحی، واردات و توزیع اسباب بازی کودکان

(مصوب جلسهٔ ۴۲۲ مورخ ۷۷/۴/۱۶ شورای عالی انقلاب فرهنگی)

مقدمه

نظر به نقش مهم اسباب بازی و بازی‌های رایانه‌ای در روند فرهنگ پذیری کودکان و با لحاظ نمودن نتایج مباحث مطرح شده در گردهمایی پیامدهای فرهنگی اسباب بازی کودکان که توسط دبیرخانه شورای فرهنگ عمومی برگزار گردید، مقرر شد شورایی مبتنی بر تشکیلات با شرح وظایف زیر تشکیل شود:

ماده ۱- به منظور تحقق «حمایت، هدایت و نظارت بر طراحی، ساخت، واردات و توزیع اسباب بازی کودکان» شورایی متشکل از مدیر عامل کانون پرورش فکری کودکان و نوجوانان، نمایندگان وزارت خانه‌های صنایع، بازرگانی، آموزش و پرورش، فرهنگ و ارشاد اسلامی، بهداشت، درمان و آموزش پزشکی و سازمان صداوسیما، یک نفر کارشناس متخصص در روانشناسی کودک، دو نفر کارشناس فرهنگی و هنری و نماینده اتحادیه تولیدکنندگان اسباب بازی تحت عنوان شورای نظارت بر «ساخت، طراحی، واردات، و توزیع اسباب بازی کودکان» تشکیل می‌شود.

تبصره ۱: دو نفر کارشناس متخصص در روانشناسی کودک و امور فرهنگی صاحب‌نظر درتعلیم و تربیت اسلامی به پیشنهاد وزارت فرهنگ و آموزش عالی و یک نفر کارشناس هنری‌به پیشنهاد وزارت فرهنگ و ارشاد اسلامی معرفی می‌شوند که پس از تصویب شورای فرهنگ عمومی عضویت شورا را خواهند داشت.

تبصره ۲- نماینده اتحادیه پس از تشکیل اتحادیه تولیدکنندگان اسباب بازی معرفی خواهد شد.

تبصره ۳- محل دبیرخانه شورا در کانون پرورش فکری کودکان و نوجوانان خواهد بود.

تبصره ۴- مدیر عامل کانون به عنوان رییس شورا اداره جلسات را به عهده خواهد داشت.

ماده ۲- احکام اعضای شورا از سوی رییس شورای فرهنگ عمومی و به مدت ۲سال با امکان تمدید مجدد صادر خواهد شد.

ماده ۳- شورا موظف است پس از تشکیل، حداکثر در مدت ۳ماه آیین‌نامه اجرایی را برای تصویب به شورای فرهنگ عمومی ارائه نماید.

ماده ۴- شورا موظف است ضوابط نظارت بر طراحی، تولید، توزیع و واردات اسباب بازی کودکان را براساس معیارهای زیر تعیین و آن موارد را برای اعمال به «طراحان،

تولیدکنندگان، توزیع‌کنندگان و سایر دست‌اندرکاران ذی‌ربط اسباب بازی کودکان، از طریق «کانون پرورش فکری کودکان و نوجوانان» اعلام نماید.

الف : رعایت اصول اخلاقی و پرهیز از اشاعه موارد ضد اخلاقی

ب : سازگاری ساختارواهداف اسباب بازی با اصول آموزشی وتربیتی و پرهیزاز بدآموزی

ج : احترام به آداب و رسوم، ارزشها و باورهای دینی و اجتماعی، فرهنگ بومی و پرهیز از اهانت و استهزای آنها با توجه و تأکید بر حفظ وحدت ملی.

د : استفاده از نمادهایی که به ظهور القاء فرهنگ اسلامی کمک نماید.

ه : طراحی و ساخت اسباب بازی‌ها به گونه ای باشد که حاوی روح آرمانگرایی جهادی، متناسب با ویژگیهای فطری و عاملی برای آرامش درونی کودکان باشد.

و : بهره گیری از موارد و ویژگیهایی که قدرت تخیّل و تسخیر در اشیاء و طبیعت را در کودکان افزایش دهد.

ز : ممنوعیت واردات، فروش و تولید کلیه اسباب بازی‌هایی که به دلیل بیگانگی با فرهنگ و در تقابل با فرهنگ خودی اثرات مخرّب بر کودکان خواهد گذاشت.

ح : به کارگیری اسامی، حروف، اصطلاحات و علائم فارسی و اسلامی در تولید اسباب بازی‌های داخلی.

تبصره ۵– استفاده از حروف و اعداد لاتین منحصر به مواردی نظیر وسایل آموزش زبان بیگانه و یا در راستای صادرات بلامانع است.

ط : دریافت مجوز از مراجع ذی صلاح و با رعایت حقوق و مالکیت معنوی برای ساخت اسباب بازی‌هایی که «طرح آن» به گونه ای متعلق به شخصیتهای حقیقی و حقوقی است.

ی : تعیین گروه سنی و جنسیت مصرف کننده اسباب‌بازی و درج آن در لفافه بسته‌بندی

ک : ارائه تذکرات و راهنمایی‌های لازم در خصوص اسباب بازی نظیر روش استفاده صحیح و روش بازی و نگهداری از آنها بصورت درج در لفافه بسته بندی.

ماده ۵ – ثبت طرحها و صدور مجوز تولید اسباب بازی برای برخی از گروههای اسباب بازی‌ها، توسط کانون صورت می‌گیرد.

تبصره: عناوین گروههایی از اسباب بازیها که نیاز به صدور مجوز تولید دارند در آیین‌نامهٔ اجرایی معیّن می‌شود.

ماده ۶– کانون پرورش فکری کودکان و نوجوانان موظف است موارد اختلاف و تخلف را که ضوابط آن در آیین‌نامه اجرایی تعیین خواهد شد برای بررسی و اتخاذ تصمیم در شورا مطرح کند.

ماده ۷- ضوابط واردات اسباب بازی به کشور براساس سیاستهای فرهنگی کشور توسط این شورا تعیین می‌شود.

ماده ۸- سیاستها و خط مشی‌های حمایتی و هدایتی درباره اسباب بازی کودکان از سوی این شورا تهیه و برای تصویب به شورای فرهنگ عمومی ارائه خواهد شد.

ماده ۹- این اساسنامه مشتمل بر یک مقدمه، ۹ماده و ۶تبصره در جلسه ۴۲۲ مورخ ۷۷/۴/۱۶ شورای عالی انقلاب فرهنگی تصویب شد.

رئیس جمهور و رئیس شورای عالی انقلاب فرهنگی — سید محمد خاتمی

قانون حمایت خانواده

فصل اول ـ دادگاه خانواده

ماده ۱ـ به منظور رسیدگی به امور و دعاوی خانوادگی، قوه قضائیه موظف است ظرف سه سال از تاریخ تصویب این قانون در کلیه حوزه های قضائی شهرستان به تعداد کافی شعبه دادگاه خانواده تشکیل دهد. تشکیل این دادگاه در حوزه های قضائی بخش به تناسب امکانات به تشخیص رئیس قوه قضائیه موکول است.

تبصره ۱ـ از زمان اجرای این قانون در حوزه قضائی شهرستانهایی که دادگاه خانواده تشکیل نشده است تا زمان تشکیل آن، دادگاه عمومی حقوقی مستقر در آن حوزه با رعایت تشریفات مربوط و مقررات این قانون به امور و دعاوی خانوادگی رسیدگی می کند.

تبصره ۲ـ در حوزه قضائی بخشهایی که دادگاه خانواده تشکیل نشده است، دادگاه مستقر در آن حوزه با رعایت تشریفات مربوط و مقررات این قانون به کلیه امور و دعاوی خانوادگی رسیدگی می کند، مگر دعاوی راجع به اصل نکاح و انحلال آن که در دادگاه خانواده نزدیکترین حوزه قضائی رسیدگی می شود.

ماده ۲ـ دادگاه خانواده با حضور رئیس یا دادرس علی البدل و قاضی مشاور زن تشکیل می گردد. قاضی مشاور باید ظرف سه روز از ختم دادرسی به طور مکتوب و مستدل در مورد موضوع دعوی اظهارنظر و مراتب را در پرونده درج کند. قاضی

انشاء کننده رأی باید در دادنامه به نظر قاضی مشاور اشاره و چنانچه با نظر وی مخالف باشد با ذکر دلیل نظریه وی را رد کند.

تبصره ـ قوه قضائیه موظف است حداکثر ظرف پنج سال به تأمین قاضی مشاور زن برای کلیه دادگاههای خانواده اقدام کند و در این مدت می تواند از قاضی مشاور مرد که واجد شرایط تصدی دادگاه خانواده باشد استفاده کند.

ماده ۳ـ قضات دادگاه خانواده باید متأهل و دارای حداقل چهار سال سابقه خدمت قضائی باشند.

ماده ۴ـ رسیدگی به امور و دعاوی زیر در صلاحیت دادگاه خانواده است:

۱ـ نامزدی و خسارات ناشی از برهم زدن آن

۲ـ نکاح دائم، موقت و اذن در نکاح

۳ـ شروط ضمن عقد نکاح

۴ـ ازدواج مجدد

۵ ـ جهیزیه

۶ ـ مهریه

۷ـ نفقه زوجه و اجرت المثل ایام زوجیت

۸ ـ تمکین و نشوز

۹ـ طلاق، رجوع، فسخ و انفساخ نکاح، بذل مدت و انقضای آن

۱۰ـ حضانت و ملاقات طفل

۱۱ـ نسب

۱۲ـ رشد، حجر و رفع آن

۱۳ـ ولایت قهری، قیمومت، امور مربوط به ناظر و امین اموال محجوران و وصایت در امور مربوط به آنان

۱۴ـ نفقه اقارب

۱۵ـ امور راجع به غایب مفقود الاثر

۱۶ـ سرپرستی کودکان بی سرپرست

۱۷ـ اهدای جنین

۱۸ـ تغییر جنسیت

تبصره ـ به دعاوی اشخاص موضوع اصول دوازدهم (۱۲) و سیزدهم (۱۳) قانون اساسی حسب مورد طبق قانون اجازه رعایت احوال شخصیه ایرانیان غیرشیعه در محاکم مصوب ۱۳۱۲/۴/۳۱ و قانون رسیدگی به دعاوی مطروحه راجع به احوال

شخصیه و تعلیمات دینی ایرانیان زرتشتی، کلیمی و مسیحی مصوب ۱۳۷۲/۴/۳ مجمع تشخیص مصلحت نظام رسیدگی می شود.

تصمیمات مراجع عالی اقلیت‌های دینی مذکور درامور حسبی و احوال شخصیه آنان از جمله نکاح و طلاق، معتبر و توسط محاکم قضائی بدون رعایت تشریفات، تنفیذ و اجراء می گردد.

ماده ۵ ـ درصورت عدم تمکن مالی هریک از اصحاب دعوی دادگاه می تواند پس از احراز مراتب و با توجه به اوضاع واحوال، وی را از پرداخت هزینه دادرسی، حق‌الزحمه کارشناسی، حق الزحمه داوری و سایر هزینه ها معاف یا پرداخت آنها را به زمان اجرای حکم موکول کند. همچنین در صورت اقتضاء ضرورت یا وجود الزام قانونی دایر بر داشتن وکیل، دادگاه حسب مورد رأساً یا به درخواست فرد فاقد تمکن مالی وکیل معاضدتی تعیین می کند.

تبصره ـ افراد تحت پوشش کمیته امداد امام خمینی (ره) و مددجویان سازمان بهزیستی کشور از پرداخت هزینه دادرسی معاف می باشند.

ماده ۶ ـ مادر یا هر شخصی که حضانت طفل یا نگهداری شخص محجور را به اقتضاء ضرورت برعهده دارد، حق اقامه دعوی برای مطالبه نفقه طفل یا محجور را نیز دارد. در این صورت، دادگاه باید در ابتداء ادعای ضرورت را بررسی کند.

ماده ۷ـ دادگاه می تواند پیش از اتخاذ تصمیم در مورد اصل دعوی به درخواست یکی از طرفین در اموری از قبیل حضانت، نگهداری و ملاقات طفل و نفقه زن و محجور که تعیین تکلیف آنها فوریت دارد بدون اخذ تأمین، دستور موقت صادر کند. این دستور بدون نیاز به تأیید رئیس حوزه قضائی قابل اجراء است. چنانچه دادگاه ظرف شش ماه راجع به اصل دعوی اتخاذ تصمیم نکند، دستور صادرشده ملغی محسوب و از آن رفع اثر می شود، مگر آنکه دادگاه مطابق این ماده دوباره دستور موقت صادر کند.

ماده ۸ ـ رسیدگی در دادگاه خانواده با تقدیم دادخواست و بدون رعایت سایر تشریفات آیین دادرسی مدنی انجام می شود.

تبصره ـ هرگاه خواهان خوانده را مجهول المکان معرفی کند، باید آخرین اقامتگاه او را به دادگاه اعلام کند. دادگاه به طرق مقتضی در این باره تحقیق و تصمیم گیری می کند.

ماده ۹ـ تشریفات و نحوه ابلاغ در دادگاه خانواده تابع مقررات قانون آیین دادرسی دادگاههای عمومی و انقلاب در امور مدنی است، لکن چنانچه طرفین دعوی طرق دیگری از قبیل پست، نمابر، پیام تلفنی و پست الکترونیک را برای این منظور به دادگاه اعلام کنند، دادگاه می تواند ابلاغ را به آن طریق انجام دهد. در هر صورت، احراز صحت ابلاغ با دادگاه است.

ماده ۱۰ـ دادگاه می تواند برای فراهم کردن فرصت صلح و سازش جلسه دادرسی را به درخواست زوجین یا یکی از آنان حداکثر برای دو بار به تأخیر اندازد.

ماده ۱۱ـ در دعاوی مالی موضوع این قانون، محکومٌ له پس از صدور حکم قطعی و تا پیش از شروع اجرای آن نیز می تواند از دادگاهی که حکم نخستین را صادر کرده است، تأمین محکومٌ به را درخواست کند.

ماده ۱۲ـ در دعاوی و امور خانوادگی مربوط به زوجین، زوجه می تواند در دادگاه محل اقامت خوانده یا محل سکونت خود اقامه دعوی کند مگر در موردی که خواسته، مطالبه مهریه غیرمنقول باشد.

ماده ۱۳ـ هرگاه زوجین دعاوی موضوع صلاحیت دادگاه خانواده را علیه یکدیگر در حوزه های قضائی متعدد مطرح کرده باشند، دادگاهی که دادخواست مقدم به آن داده شده است صلاحیت رسیدگی را دارد. چنانچه دو یا چند دادخواست در یک روز تسلیم شده باشد، دادگاهی که صلاحیت رسیدگی به دعوای زوجه را دارد به کلیه دعاوی رسیدگی می کند.

ماده ۱۴ـ هرگاه یکی از زوجین مقیم خارج از کشور باشد، دادگاه محل اقامت طرفی که در ایران اقامت دارد برای رسیدگی صالح است. اگر زوجین مقیم خارج از کشور باشند ولی یکی از آنان در ایران سکونت موقت داشته باشد، دادگاه محل سکونت فرد ساکن در ایران و اگر هر دو در ایران سکونت موقت داشته باشند، دادگاه محل

سکونت موقت زوجه برای رسیدگی صالح است. هرگاه هیچ یک از زوجین در ایران سکونت نداشته باشند، دادگاه شهرستان تهران صلاحیت رسیدگی را دارد، مگر آنکه زوجین برای اقامه دعوی در محل دیگر توافق کنند.

ماده ۱۵ـ هرگاه ایرانیان مقیم خارج از کشور امور و دعاوی خانوادگی خود را در محاکم و مراجع صلاحیتدار محل اقامت خویش مطرح کنند، احکام این محاکم یا مراجع در ایران اجراء نمی شود مگر آنکه دادگاه صلاحیتدار ایرانی این احکام را بررسی و حکم تنفیذی صادر کند.

تبصره ـ ثبت طلاق ایرانیان مقیم خارج از کشور در کنسولگری‌های جمهوری اسلامی ایران به درخواست کتبی زوجین یا زوج با ارائه گواهی اجرای صیغه طلاق توسط اشخاص صلاحیت‌دار که با پیشنهـاد وزارت امور خارجه و تصویب رئیس قوه قضائیه به کنسولگری‌ها معرفی می شوند امکان‌پذیر است. ثبت طلاق رجعی منوط به انقضای عده است.

در طلاق بائن نیز زوجه می تواند طلاق خود را با درخواست کتبی و ارائه گواهی اجرای صیغه طلاق توسط اشخاص صلاحیتدار فوق در کنسولگری ثبت نماید.

در مواردی که طلاق به درخواست زوج ثبت می گردد، زوجه می تواند با رعایت این قانون برای مطالبه حقوق قانونی خود به دادگاههای ایران مراجعه نماید.

فصل دوم ـ مراکز مشاوره خانوادگی

113

ماده ۱۶ـ به منظور تحکیم مبانی خانواده و جلوگیری از افزایش اختلافات خانوادگی و طلاق و سعی در ایجاد صلح و سازش، قوه قضائیه موظف است ظرف سه سال از تاریخ لازم الاجراء شدن این قانون مراکز مشاوره خانواده را در کنار دادگاههای خانواده ایجاد کند.

تبصره ـ در مناطقی که مراکز مشاوره خانواده وابسته به سازمان بهزیستی وجود دارد دادگاهها می توانند از ظرفیت این مراکز نیز استفاده کنند.

ماده ۱۷ـ اعضای مراکز مشاوره خانواده از کارشناسان رشته های مختلف مانند مطالعات خانواده، مشاوره، روان پزشکی، روان شناسی، مددکاری اجتماعی، حقوق و فقه و مبانی حقوق اسلامی انتخاب می شوند و حداقل نصف اعضای هر مرکز باید از بانوان متأهل واجد شرایط باشند. تعداد اعضاء، نحوه انتخاب، گزینش، آموزش و نحوه رسیدگی به تخلفات اعضای مراکز مشاوره خانواده، شیوه انجام وظایف و تعداد این مراکز و نیز تعرفه خدمات مشاوره ای و نحوه پرداخت آن به موجب آیین نامه ای است که ظرف شش ماه پس از لازم الاجراء شدن این قانون به وسیله وزیر دادگستری تهیه می شود و به تصویب رئیس قوه قضائیه می رسد.

ماده ۱۸ ـ در حوزه های قضائی که مراکز مشاوره خانواده ایجاد شده است، دادگاه خانواده می تواند در صورت لزوم با مشخص کردن موضوع اختلاف و تعیین مهلت، نظر این مراکز را در مورد امور و دعاوی خانوادگی خواستار شود.

ماده ۱۹ـ مراکز مشاوره خانواده ضمن ارائه خدمات مشاوره ای به زوجین، خواسته‌های دادگاه را در مهلت مقرر اجراء و در موارد مربوط سعی در ایجاد سازش می کنند. مراکز مذکور در صورت حصول سازش به تنظیم سازش نامه مبادرت و در غیر این صورت نظر کارشناسی خود در مورد علل و دلایل عدم سازش را به طور مکتوب و مستدل به دادگاه اعلام می کنند.

تبصره ـ دادگاه با ملاحظه نظریه کارشناسی مراکز مشاوره خانواده به تشخیص خود مبادرت به صدور رأی می‌کند.

فصل سوم ـ ازدواج

ماده ۲۰ـ ثبت نکاح دائم، فسخ و انفساخ آن، طلاق، رجوع و اعلام بطلان نکاح یا طلاق الزامی است.

ماده ۲۱ـ نظام حقوقی جمهوری اسلامی ایران در جهت محوریت و استواری روابط خانوادگی، نکاح دائم را که مبنای تشکیل خانواده است مورد حمایت قرار می دهد. نکاح موقت نیز تابع موازین شرعی و مقررات قانون مدنی است و ثبت آن در موارد زیر الزامی است:

۱ـ باردارشدن زوجه

۲ـ توافق طرفین

۳ـ شرط ضمن عقد

تبصره ـ ثبت وقایع موضوع این ماده و ماده (۲۰) این قانون در دفاتر اسناد رسمی ازدواج یا ازدواج و طلاق مطابق آیین نامه ای است که ظرف یک سال با پیشنهاد وزیر دادگستری به تصویب رئیس قوه قضائیه می رسد و تا تصویب آیین نامه مذکور، نظام نامه های موضوع ماده (۱) اصلاحی قانون راجع به ازدواج مصوب ۱۳۱۶/۲/۲۹ کماکان به قوت خود باقی است.

ماده ۲۲ـ هرگاه مهریه در زمان وقوع عقد تا یکصد و ده سکّه تمام بهارآزادی یا معادل آن باشد، وصول آن مشمول مقررات ماده(۲) قانون اجرای محکومیت‌های مالی است. چنانچه مهریه، بیشتر از این میزان باشد در خصوص مازاد، فقط ملائت زوج ملاک پرداخت است. رعایت مقررات مربوط به محاسبه مهریه به نرخ روز کماکان الزامی است.

ماده ۲۳ـ وزارت بهداشت، درمان و آموزش پزشکی مکلف است ظرف یک ماه از تاریخ لازم الاجراءشدن این قانون بیماری‌هایی را که باید طرفین پیش از ازدواج علیه آنها واکسینه شوند و نیز بیماری‌های واگیردار و خطرناک برای زوجین و فرزندان ناشی از ازدواج را معین و اعلام کند. دفاتر رسمی ازدواج باید پیش از ثبت نکاح گواهی صادرشده از سوی پزشکان و مراکز مورد تأیید وزارت بهداشت، درمان و آموزش پزشکی دال بر عدم اعتیاد به مواد مخدر و عدم ابتلاء به بیماری‌های

موضوع این ماده و یا واکسینه شدن طرفین نسبت به بیماری‌های مذکور را از آنان مطالبه و بایگانی کنند.

تبصره ـ چنانچه گواهی صادرشده بر وجود اعتیاد و یا بیماری دلالت کند، ثبت نکاح در صورت اطلاع طرفین بلامانع است. در مورد بیماری‌های مسری و خطرناک که نام آنها به وسیله وزارت بهداشت، درمان و آموزش پزشکی تعیین و اعلام می شود، طرفین جهت مراقبت و نظارت به مراکز تعیین شده معرفی می شوند. در مواردی که بیماری خطرناک زوجین به تشخیص وزارت بهداشت، درمان و آموزش پزشکی منجر به خسارت به جنین باشد، مراقبت و نظارت باید شامل منع تولید نسل نیز باشد.

فصل چهارم ـ طلاق

ماده ۲۴ـ ثبت طلاق و سایر موارد انحلال نکاح و نیز اعلام بطلان نکاح یا طلاق در دفاتر رسمی ازدواج و طلاق حسب مورد پس از صدور گواهی عدم امکان سازش یا حکم مربوط از سوی دادگاه مجاز است.

ماده ۲۵ـ درصورتی که زوجین متقاضی طلاق توافقی باشند، دادگاه باید موضوع را به مرکز مشاوره خانواده ارجاع دهد. در این موارد طرفین می توانند تقاضای طلاق توافقی را از ابتداء در مراکز مذکور مطرح کنند.

در صورت عـدم انصراف متقاضی از طلاق، مرکز مشاوره خانواده موضوع را با مشخص کردن موارد توافق جهت اتخاذ تصمیم نهائی به دادگاه منعکس می کند.

ماده ۲۶ـ در صورتی که طلاق، توافقی یا به درخواست زوج باشد، دادگاه به صدور گواهی عدم امکان سازش اقدام و اگر به درخواست زوجه باشد، حسب مورد، مطابق قانون به صدور حکم الزام زوج به طلاق یا احراز شرایط اعمال وکالت در طلاق مبادرت می کند.

ماده ۲۷ـ در کلیه موارد درخواست طلاق، به جز طلاق توافقی، دادگاه باید به منظور ایجاد صلح و سازش موضوع را به داوری ارجاع کند. دادگاه در این موارد باید با توجه به نظر داوران رأی صادر و چنانچه آن را نپذیرد، نظریه داوران را با ذکر دلیل رد کند.

ماده ۲۸ـ پس از صدور قرار ارجاع امر به داوری، هریک از زوجین مکلفند ظرف یک هفته از تاریخ ابلاغ یک نفر از اقارب متأهل خود را که حداقل سی سال داشته و آشنا به مسائل شرعی و خانوادگی و اجتماعی باشد به عنوان داور به دادگاه معرفی کنند.

تبصره ۱ـ محارم زوجه که همسرشان فوت کرده یا از هم جدا شده باشند، درصورت وجود سایر شرایط مذکور در این ماده به عنوان داور پذیرفته می شوند.

تبصره ۲ـ درصورت نبود فرد واجد شرایط در بین اقارب یا عدم دسترسی به ایشان یا استنکاف آنان از پذیرش داوری، هریک از زوجین می توانند داور خود را از بین افراد واجد صلاحیت دیگر تعیین و معرفی کنند. درصورت امتناع زوجین از معرفی داور یا عدم توانایی آنان دادگاه، خود یا به درخواست هریک از طرفین به تعیین داور مبادرت می کند.

ماده ۲۹ـ دادگاه ضمن رأی خود با توجه به شروط ضمن عقد و مندرجات سند ازدواج، تکلیف جهیزیه، مهریه و نفقه زوجه، اطفال و حمل را معین و همچنین اجرت‌المثل ایام زوجیت طرفین مطابق تبصره ماده (۳۳۶) قانون مدنی تعیین و در مورد چگونگی حضانت و نگهداری اطفال و نحوه پرداخت هزینه های حضانت و نگهداری تصمیم مقتضی اتخاذ می کند. همچنین دادگاه باید با توجه به وابستگی عاطفی و مصلحت طفل، ترتیب، زمان و مکان ملاقات وی با پدر و مادر و سایر بستگان را تعیین کند. ثبت طلاق موکول به تأدیه حقوق مالی زوجه است. طلاق درصورت رضایت زوجه یا صدور حکم قطعی دایر بر اعسار زوج یا تقسیط محکومٌ به نیز ثبت می شود. در هرحال، هرگاه زن بدون دریافت حقوق مذکور به ثبت طلاق رضایت دهد می تواند پس از ثبت طلاق برای دریافت این حقوق از طریق اجرای احکام دادگستری مطابق مقررات مربوط اقدام کند.

ماده ۳۰ـ در مواردی که زوجه در دادگاه ثابت کند به امر زوج یا اذن وی از مال خود برای مخارج متعارف زندگی مشترک که برعهده زوج است هزینه کرده و زوج نتواند قصد تبرع زوجه را اثبات کند، میتواند معادل آن را از وی دریافت نماید.

ماده ۳۱ـ ارائه گواهی پزشک ذی صلاح درمورد وجود جنین یا عدم آن برای ثبت طلاق الزامی است، مگر آنکه زوجین بر وجود جنین اتفاق نظر داشته باشند.

ماده ۳۲ـ در مورد حکم طلاق، اجرای صیغه و ثبت آن حسب مورد منوط به انقضای مهلت فرجام خواهی یا ابلاغ رأی فرجامی است.

ماده ۳۳ـ مدت اعتبار حکم طلاق شش ماه پس از تاریخ ابلاغ رأی فرجامی یا انقضای مهلت فرجام خواهی است. هرگاه حکم طلاق از سوی زوجه به دفتر رسمی ازدواج و طلاق تسلیم شود، در صورتی که زوج ظرف یک هفته از تاریخ ابلاغ مراتب در دفترخانه حاضر نشود، سردفتر به زوجین ابلاغ می کند برای اجرای صیغه طلاق و ثبت آن در دفترخانه حاضر شوند. در صورت عدم حضور زوج و عدم اعلام عذر از سوی وی یا امتناع او از اجرای صیغه، صیغه طلاق جاری و ثبت می شود و مراتب به زوج ابلاغ می گردد. در صورت اعلام عذر از سوی زوج، یک نوبت دیگر به ترتیب مذکور از طرفین دعوت بهعمل می آید.

تبصره ـ دادگاه صادرکننده حکم طلاق باید در رأی صادرشده بر نمایندگی سردفتر در اجرای صیغه طلاق در صورت امتناع زوج تصریح کند.

120

ماده ۳۴ـ مدت اعتبار گواهی عدم امکان سازش برای تسلیم به دفتر رسمی ازدواج و طلاق سه ماه پس از تاریخ ابلاغ رأی قطعی یا قطعی شدن رأی است. چنانچه گواهی مذکور ظرف این مهلت تسلیم نشود یا طرفی که آن را به دفترخانه رسمی طلاق تسلیم کرده است ظرف سه ماه از تاریخ تسلیم در دفترخانه حاضر نشود یا مدارک لازم را ارائه نکند، گواهی صادرشده از درجه اعتبار ساقط است.

تبصره ـ هرگــاه گواهی عـدم امکان سازش صادرشده بر اساس توافق زوجین به حکم قانون از درجه اعتبار ساقط شود کلیه توافقاتی که گواهی مذکور بر مبنای آن صادر شده است ملغی می گردد.

ماده ۳۵ـ هرگاه زوج در مهلت مقرر به دفتر رسمی ازدواج و طلاق مراجعه و گواهی عدم امکان سازش را تسلیم کند، درصورتی که زوجه ظرف یک هفته در دفترخانه حاضر نشود سردفتر به زوجین اخطار می کند برای اجرای صیغه طلاق و ثبت آن در دفترخانه حاضر شوند. درصورت عدم حضور زوجه صیغه طلاق جاری و پس از ثبت به وسیله دفترخانه مراتب به اطلاع زوجه می‌رسد.

تبصره ـ فاصله بین ابلاغ اخطاریه و جلسه اجرای صیغه در این ماده و ماده (۳۴) این قانون نباید از یک هفته کمتر باشد. در مواردی که زوج یا زوجه مجهول المکان باشند، دعوت از شخص مجهول المکان از طریق نشر آگهی در جراید کثیر الانتشار یا هزینه درخواست کننده به وسیله دفترخانه به عمل می آید.

121

ماده ۳۶ـ هرگاه گواهی عدم امکان سازش بنا بر توافق زوجین صادر شده باشد، درصورتی که زوجه بنا بر اعلام دادگاه صادرکننده رأی و یا به موجب سند رسمی در اجرای صیغه طلاق وکالت بلاعزل داشته باشد، عدم حضور زوج، مانع اجرای صیغه طلاق و ثبت آن نیست.

ماده ۳۷ـ اجرای صیغه طلاق با رعایت جهات شرعی در دفترخانه یا در محل دیگر و با حضور سردفتر انجام می گیرد.

ماده ۳۸ ـ در طلاق رجعی، صیغه طلاق مطابق مقررات مربوط جاری و مراتب صورتجلسه می شود ولی ثبت طلاق منوط به ارائه گواهی کتبی حداقل دو شاهد مبنی بر سکونت زوجه مطلّقه در منزل مشترک تا پایان عده است، مگر این که زن رضایت به ثبت داشته باشد. در صورت تحقق رجوع، صورتجلسه طلاق ابطال و درصورت عدم رجوع صورتجلسه تکمیل و طلاق ثبت می شود. صورتجلسه تکمیل شده به امضای سردفتر، زوجین یا نمایندگان آنان و دو شاهد طلاق می رسد. در صورت درخواست زوجه، گواهی اجرای صیغه طلاق و عدم رجوع زوج به وی اعطاء می شود. در هر حال درصورت انقضای مدت عده و عدم احراز رجوع، طلاق ثبت می‌شود.

ماده ۳۹ـ در کلیه موارد، قطعی و قابل اجراء بودن گواهی عدم امکان سازش یا حکم طلاق باید از سوی دادگاه صادرکننده رأی نخستین گواهی و همزمان به دفتر رسمی ازدواج و طلاق ارائه شود.

فصل پنجم ـ حضانت و نگهداری اطفال و نفقه

ماده ۴۰ـ هرکس از اجرای حکم دادگاه در مورد حضانت طفل استنکاف کند یا مانع اجرای آن شود یا از استرداد طفل امتناع ورزد، حسب تقاضای ذی نفع و به دستور دادگاه صادرکننده رأی نخستین تا زمان اجرای حکم بازداشت می شود.

ماده ۴۱ـ هرگاه دادگاه تشخیص دهد توافقات راجع به ملاقات، حضانت، نگهداری و سایر امور مربوط به طفل برخلاف مصلحت او است یا در صورتی که مسؤول حضانت از انجام تکالیف مقرر خودداری کند ویا مانع ملاقات طفل تحت حضانت با اشخاص ذی حق شود، می تواند در خصوص اموری از قبیل واگذاری امر حضانت به دیگری یا تعیین شخص ناظر با پیش بینی حدود نظارت وی با رعایت مصلحت طفل تصمیم مقتضی اتخاذ کند.

تبصره ـ قوه قضائیه مکلف است برای نحوه ملاقات والدین با طفل ساز و کار مناسب با مصالح خانواده و کودک را فراهم نماید.

آیین نامه اجرائی این ماده ظرف شش ماه توسط وزارت دادگستری تهیه می شود و به تصویب رئیس قوه قضائیه می رسد.

ماده ۴۲ـ صغیر و مجنون را نمی‌توان بدون رضایت ولی، قیم، مادر یا شخصی که حضانت و نگهداری آنان به او واگذار شده است از محل اقامت مقرر بین طرفین یا محل اقامت قبل از وقوع طلاق به محل دیگر یا خارج از کشور فرستاد، مگر اینکه دادگاه آن را به مصلحت صغیر و مجنون بداند و با درنظر گرفتن حق ملاقات اشخاص ذی‌حق این امر را اجازه دهـد. دادگاه درصـورت موافقت با خـارج کردن صغیـر و مجنون از کشور، بنابر درخواست ذی‌نفع، برای تضمین بازگرداندن صغیر و مجنون تأمین مناسبی اخذ می‌کند.

ماده ۴۳ـ حضانت فرزندانی که پدرشان فوت شده با مادر آنها است مگر آنکه دادگاه به تقاضای ولی قهری یا دادستان، اعطای حضانت به مادر را خلاف مصلحت فرزند تشخیص دهد.

ماده ۴۴ـ درصورتی که دستگاههای اجرائی موضوع ماده (۵) قانون مدیریت خدمات کشوری مصوب ۱۳۸۶/۷/۸، ملزم به تسلیم یا تملیک اموالی به صغیر یا سایر محجوران باشند، این اموال با تشخیص دادستان در حدود تأمین هزینه های متعارف زندگی باید در اختیار شخصی قرار گیرد که حضانت و نگهداری محجور را عهده دار است، مگر آنکه دادگاه به نحو دیگری مقرر کند.

ماده ۴۵ـ رعایت غبطه و مصلحت کودکان و نوجوانان در کلیه تصمیمات دادگاهها و مقامات اجرائی الزامی است.

ماده ۴۶ـ حضور کودکان زیر پانزده سال در جلسات رسیدگی به دعاوی خانوادگی جز در موارد ضروری که دادگاه تجویز می کند ممنوع است.

ماده ۴۷ـ دادگاه در صورت درخواست زن یا سایر اشخاص واجب النفقه، میزان و ترتیب پرداخت نفقه آنان را تعیین می کند.

تبصره ـ درمورد این ماده و سایر مواردی که به موجب حکم دادگاه باید وجوهی به‌طور مستمر از محکومٌ علیه وصول شود یک بار تقاضای صدور اجرائیه کافی است و عملیات اجرائی مادام که دستور دیگری از دادگاه صادر نشده باشد ادامه می یابد.

فصل ششم ـ حقوق وظیفه و مستمری

ماده ۴۸ـ میزان حقوق وظیفه یا مستمری زوجه دائم متوفی و فرزندان و سایر وراث قانونی وی و نحوه تقسیم آن در تمام صندوقهای بازنشستگی اعم از کشوری، لشکری ، تأمین اجتماعی و سایر صندوقهای خاص به ترتیب زیر است:

۱ـ زوجه دائم متوفی از حقوق وظیفه یا مستمری وی برخوردار می گردد و ازدواج وی مانع دریافت حقوق مذکور نیست و درصورت فوت شوهر بعدی و تعلق حقوق به زوجه در اثر آن، بیشترین مستمری ملاک عمل است.

تبصره ـ اگر متوفی چند زوجه دائم داشته باشد حقوق وظیفه یا مستمری به تساوی بین آنان و سایر وراث قانونی تقسیم می شود.

۲ـ دریافت حقوق بازنشستگی یا از کارافتادگی، مستمری از کارافتادگی یا بازنشستگی حسب مورد توسط زوجه متوفی مانع از دریافت حقوق وظیفه یا مستمری متوفی نیست.

۳ـ فرزندان اناث در صورت نداشتن شغل یا شوهر و فرزندان ذکور تا سن بیست سالگی و بعد از آن منحصراً درصورتی که معلول از کار افتاده نیازمند باشند یا اشتغال به تحصیلات دانشگاهی داشته باشند حسب مورد از کمک هزینه اولاد، بیمه و مستمری بازماندگان یا حقوق وظیفه والدین خود برخوردار می‌گردند.

۴ـ حقوق وظیفه یا مستمری زوجه دائم و فرزندان و سایر وراث قانونی کلیه کارکنان شاغل و بازنشسته مطابق ماده (۸۷) قانون استخدام کشوری مصوب ۱۳۴۵/۳/۳۱ و اصلاحات بعدی آن و با لحاظ ماده (۸۶) همان قانون و اصلاحیه های بعدی آن، تقسیم و پرداخت می گردد.

تبصره ـ مقررات این ماده در مورد افرادی که قبل از اجراء شدن این قانون فوت شده اند نیز لازم الاجراء است.

فصل هفتم ـ مقررات کیفری

ماده ۴۹ـ چنانچه مردی بدون ثبت در دفاتر رسمی به ازدواج دائم، طلاق یا فسخ نکاح اقدام یا پس از رجوع تا یک ماه از ثبت آن خودداری یا در مواردی که ثبت نکاح موقت الزامی است از ثبت آن امتناع کند، ضمن الزام به ثبت واقعه به پرداخت

جزای نقدی درجه پنج و یا حبس تعزیری درجه هفت محکوم می شود. این مجازات در مورد مردی که از ثبت انفساخ نکاح و اعلام بطلان نکاح یا طلاق استنکاف کند نیز مقرر است.

ماده ۵۰ ـ هرگاه مردی برخلاف مقررات ماده (۱۰۴۱) قانون مدنی ازدواج کند، به حبس تعزیری درجه شش محکوم می شود. هرگاه ازدواج مذکور به مواقعه منتهی به نقص عضو یا مرض دائم زن منجر گردد، زوج علاوه بر پرداخت دیه به حبس تعزیری درجه پنج و اگر به مواقعه منتهی به فوت زن منجر شود، زوج علاوه بر پرداخت دیه به حبس تعزیری درجه چهار محکوم می شود.

تبصره ـ هرگاه ولی قهری، مادر، سرپرست قانونی یا مسؤول نگهداری و مراقبت و تربیت زوجه در ارتکاب جرم موضوع این ماده تأثیر مستقیم داشته باشند به حبس تعزیری درجه شش محکوم می شوند. این حکم در مورد عاقد نیز مقرر است.

ماده ۵۱ ـ هر فرد خارجی که بدون اخذ اجازه مذکور در ماده (۱۰۶۰) قانون مدنی و یا بر خلاف سایر مقررات قانونی با زن ایرانی ازدواج کند به حبس تعزیری درجه پنج محکوم می شود.

ماده ۵۲ ـ هرکس در دادگاه زوجیت را انکار کند و سپس ثابت شود این انکار بی‌اساس بوده است یا برخلاف واقع با طرح شکایت کیفری یا دعوای حقوقی مدعی

زوجیت با دیگری شود به حبس تعزیری درجه شش ویا جزای نقدی درجه شش محکوم می شود.

این حکم درمورد قائم مقام قانونی اشخاص مذکور نیز که با وجود علم به زوجیت، آن را در دادگاه انکار کند یا علی رغم علم به عدم زوجیت با طرح شکایت کیفری یا دعوای حقوقی مدعی زوجیت گردد، جاری است.

ماده ۵۳ ـ هرکس با داشتن استطاعت مالی، نفقه زن خود را در صورت تمکین او ندهد یا از تأدیه نفقه سایر اشخاص واجب النفقه امتناع کند به حبس تعزیری درجه شش محکوم می شود. تعقیب کیفری منوط به شکایت شاکی خصوصی است و درصورت گذشت وی از شکایت در هر زمان تعقیب جزائی یا اجرای مجازات موقوف می شود.

تبصره ـ امتناع از پرداخت نفقه زوجه ای که به موجب قانون مجاز به عدم تمکین است و نیز نفقه فرزندان ناشی از تلقیح مصنوعی یا کودکان تحت سرپرستی مشمول مقررات این ماده است.

ماده ۵۴ ـ هرگاه مسؤول حضانت از انجام تکالیف مقرر خودداری کند یا مانع ملاقات طفل با اشخاص ذی حق شود، برای بار اول به پرداخت جزای نقدی درجه هشت و درصورت تکرار به حداکثر مجازات مذکور محکوم می شود.

ماده ۵۵ ـ هر پزشکی که عامداً بر خلاف واقع گواهی موضوع مواد (۲۳) و (۳۱) این قانون را صادر یا با سوء نیت از دادن گواهی مذکور خودداری کند، بار اول به محرومیت درجه شش موضوع قانون مجازات اسلامی از اشتغال به طبابت و بار دوم و بالاتر به حداکثر مجازات مذکور محکوم می شود.

ماده ۵۶ ـ هر سردفتر رسمی که بدون اخذ گواهی موضوع مواد (۲۳) و (۳۱) این قانون یا بدون اخذ اجازه نامه مذکور در ماده (۱۰۶۰) قانون مدنی یا حکم صادرشده درمورد تجویز ازدواج مجدد یا برخلاف مقررات ماده (۱۰۴۱) قانون مدنی به ثبت ازدواج اقدام کند یا بدون حکم دادگاه یا گواهی عدم امکان سازش یا گواهی موضوع ماده (۴۰) این قانون یا حکم تنفیذ راجع به احکام خارجی به ثبت هریک از موجبات انحلال نکاح یا اعلام بطلان نکاح یا طلاق مبادرت کند، به محرومیت درجه چهار موضوع قانون مجازات اسلامی از اشتغال به سردفتری محکوم می‌شود.

ماده ۵۷ ـ آیین نامه اجرائی این قانون بنا بر پیشنهاد وزیر دادگستری به تصویب رئیس قوه قضائیه می رسد.

ماده ۵۸ ـ از تاریخ لازم الاجراءشدن این قانون، قوانین زیر نسخ می گردد:

۱ـ قانون راجع به ازدواج مصوب ۱۳۱۰/۵/۲۳

۲ـ قانون راجع به انکار زوجیت مصوب ۱۳۱۱/۲/۲۰

۳ـ قانون اصلاح مواد (۱) و (۳) قانون ازدواج مصوب ۱۳۱۶/۲/۲۹

۴ـ قانون لزوم ارائه گواهینامه پزشک قبل از وقوع ازدواج مصوب ۱۳۱۷/۹/۱۳

۵ ـ قانون اعطاء حضانت فرزندان صغیر یا محجور به مادران آنها مصوب ۱۳۶۴/۵/۶

۶ ـ قانون مربوط به حق حضانت مصوب ۱۳۶۵/۴/۲۲

۷ـ قانون الزام تزریق واکسن ضدکزاز برای بانوان قبل از ازدواج مصوب ۱۳۶۷/۱/۲۳

۸ ـ قانون اصلاح مقررات مربوط به طلاق مصوب ۱۳۷۱/۱۲/۲۱ به جز بند (ب) تبصره (۶) آن و نیز قانون تفسیر تبصره های «۳» و «۶» قانون مذکور مصوب ۱۳۷۳/۶/۳

۹ـ مواد (۶۴۲)، (۶۴۵) و (۶۴۶) قانون مجازات اسلامی مصوب ۱۳۷۵/۳/۲

۱۰ـ قانون اختصاص تعدادی از دادگاههای موجود به دادگاههای موضوع اصل بیست و یکم (۲۱) قانون اساسی مصوب ۱۳۷۶/۵/۸

۱۱ـ قانون تعیین مدت اعتبار گواهی عدم امکان سازش مصوب ۱۳۷۶/۸/۱۱

قانون فوق مشتمل بر پنجاه و هشت ماده درجلسه علنی روز سهشنبه مورخ اول اسفندماه یکهزار و سیصد و نود و یک مجلس شورای اسلامی تصویب شد و در تاریخ ۱۳۹۱/۱۲/۹ به تأیید شورای‌نگهبان رسید.

رئیس مجلس شورای اسلامی ـ علی لاریجانی